W0319510

Der Gelbe Fluß

黃河

5000 Jahre China

YASUHIRO HAYASHI

中華有蛟龍
其名曰黃河
尾擊青海遠
口吐烈焰多
奔騰歸渤海
壮哉我黃河

Sein Schwanz peitscht die Hochebene
von Qinghai, sein Maul speit Feuer gegen
das Bohai-Meer – der Huanghe ist wahrhaftig
der Drachenfluß Chinas

HIROYUKI USAMI

Der Gelbe Fluß

黄河

5000 Jahre China

Kevin Sinclair

BECHTERMÜNZ

YASUHIRO HAYASHI

Oben: Eine Schauspielertruppe, die das traditionelle Theater pflegt, gibt ein Gastspiel. Auf der Bühne des Dorfes Wei in Shanxi werden Geschichten aus der Vergangenheit lebendig.

Vorsatz: Bauern beeilen sich, die Erdwälle zu verstärken – *Der Bau eines Deiches gegen die drohenden Fluten des Gelben Flusses.* Anonyme Malerei um 1689. Musée Guimet, Paris / American Heritage

Seite 1: In den hochgelegenen, einsamen Steppen der Ordos entlockt ein Nomade seinem Instrument eine seelenvolle Weise. Es ist aus dem Schädel eines Pferdes gefertigt.

Seite 2: Golden überglänzt die sinkende Sonne die Fluten – hier trägt der Gelbe Fluß seinen Namen zu Recht.

Seite 4–5: Wie überall ist ein Hochzeitsfest auf dem Dach der Welt willkommener Anlaß, sich herauszuputzen. Matau-Nomaden zeigen sich in ihren schönsten Gewändern.
HIROYUKI USAMI

Vignetten an den Kapitelanfängen: Ausschnitte aus der auf 1101 n. Chr. datierten Panoramarolle *Das Frühlingsfest am Fluß* von Zhang Zeduan, dem bekanntesten Landschaftsmaler der Song-Zeit. Metropolitan Museum of Art / American Heritage

Inhalt

Der 黄河 Gelbe Fluß
INNERE MONGOLEI
Jiuquan
Tengger-Wüste
Hexi-Korridor
Große Mauer
Yinchuan
Chingtunxia
NINGXIA
Zhongning
GANSU
Jingyuan
QINGHAI
Qinghai-See
Xining
Ledu
Liuchiaxia
Lanzhou
Linxia
Huanghe
Tianshui
Baoji
Berg Yagradagze
Mato
Gyaring Nor
Matau
Ngoring Nor
Taer
Maqen
Maqu
Darlag
Zoige
SICHUAN
Songpan

MONGOLEI
Baotou
Hohhot
Ejin Horo Qi
BEIJING
Hequ
Yingxian
Tianjin
dos Plateau
Bohai-Meer
HEBEI
Uxin Qi
Yulin
Weihai
Jiaxian
Taiyuan
Shijiazhuang
SHAANXI
Jinan
Gaoqing
Pingyao
Qingdao
Yanhe
Yanan
SHANXI
Dongping
Yichuan
Anyang
SHANDONG
Qufu
Heijin
Huanghe
Xinjiang
Sanmenxia
Gelbes Meer
Weihe
Tongguan
Kaifeng
Zhengzhou
Xuzhou
JIANGSU
Xi'an
Großer Kanal
HENAN
Nanjing
SHANGHAI
Hefei
Changjiang
HUBEI
ANHUI
Hangzhou
Wuhan
ZHEJIANG

HIROYUKI USAMI

序言

Vorwort

Wer den Gelben Fluß beherrscht, beherrscht China", soll der Große Yu erklärt haben, der nach chinesischer Überlieferung die erste Dynastie gründete und den Fluß zum Nutzen der Menschen zähmte. Bis in die heutige Zeit hat der Gelbe Fluß oder Huanghe, wie ihn die Chinesen nennen, sein Janusgesicht bewahrt, ist er gleichermaßen Lebensspender und grausamer Feind des Volkes. Tief im Inneren des Landes, hoch über dem Meeresspiegel, entspringt der Fluß auf dem Dach der Welt, windet sich dann durch öde Wüsten und fruchtbare Lößgebiete, bevor er die Nordchinesische Tiefebene erreicht und seinen Weg bis ins Bohai-Meer nimmt. Wechselvoll wie die Landschaften, die er durchquert, ist sein Charakter. Majestätisch und friedvoll strömt er durch Sumpfgebiete, Wüsten, Steppen und Hochebenen, schäumend und tobend stürzt er sich in Schluchten und über Stromschnellen. Auf seiner fünftausend Kilometer langen Reise sieht er die Einsamkeit rauher, karger Landstriche und die Geschäftigkeit großer Städte und Industriezentren. An seinen Ufern leben noch immer Nomadenstämme nach überkommenen Sitten und Gebräuchen, erstrecken sich aber auch moderne Deichanlagen, Elektrizitätswerke und Bewässerungssysteme, die mit Hilfe neuester Technologien seine ungeheure Kraft bändigen und in den Dienst des Menschen stellen.

Der Huanghe ist in der chinesischen Mythologie ein machtvolles Symbol. Er ist der Drache der chinesischen Sagen und Legenden, der Fluß der Sorgen, die Wiege der Kultur, er strömt durch das Stammland der Chinesen. In seinem mächtigen Becken, das 750 000 Quadratkilometer umfaßt, wuchs eine der bedeutendsten Kulturen der Welt. Auf nahezu eine Million Jahre schätzen Wissenschaftler das Alter von Knochen aus dem Paläolithikum, die in der Nähe des Flusses gefunden wurden. Vor mehr als fünftausend Jahren, im Neolithikum, gingen Menschen an seinen Ufern dem Ackerbau und dem Fischfang nach; die symmetrische und ornamentale Schönheit ihrer bemalten Töpferwaren begeistert noch heute den Betrachter. Diesen frühgeschichtlichen Siedlungsgemeinschaften folgten die großen Dynastien Chinas, die Shang, Zhou, Qin, Han, Tang und Nördliche Song – sie alle wurden von den Wassern des Gelben Flusses genährt.
Dieses Buch gibt Bericht über den mächtigen Huanghe. Und zollt ihm Tribut!

Am südlichen Ufer des Huanghe werden Schafe zum Markt nach Wuzhong getrieben.

黄河及其子孫

Ein Fluß und sein Volk

Am Fuß des Berges Mangshan, nicht weit von Zhengzhou in der Provinz Henan, steht eine weiße Marmorstatue. Sie stellt eine Frau dar, die liebevoll ein kleines Kind tröstet. Die Frau ist der Huanghe, der Gelbe Fluß, der in der Nähe vorüberfließt auf seinem Weg zum tausend Kilometer weit entfernten Bohai-Meer. Das Kind, das so empfindsame Fürsorge erfährt, versinnbildlicht die chinesischen Menschen. Mutter und Kind, der Fluß und das Volk – irgendwo an den Ufern dieses Flußlaufs erschien jenes Volk erstmals auf der Bühne der Welt, das später das chinesische genannt wurde. Seit der Urzeit haben die Wasser des Huanghe und seine segensreiche Kraft diesem Volk die Mittel zum Leben gegeben. Den hunderttausenden Besuchern, die in jedem Jahr zum Berg Mangshan kommen, veranschaulicht die Statue die enge Beziehung zwischen dem Fluß und dem Volk, dessen zahllosen Generationen er Beistand geleistet, aber auch immer wieder Unheil gebracht hat.

In der jüngsten Vergangenheit entstand am Berg Mangshan ein Erholungsgebiet. Seine Hügel, gekrönt von Pagoden und Stelen, gewähren herrliche Ausblicke auf die Schleifen des Gelben Flusses. Viel verrät der Berg vom Wesen des Wasserwegs, den er überragt. Der Berg besteht aus Löß, aus feinem Sandstaub, der vom Wind über einen halben Kontinent getragen und vom Huanghe als Schlamm aus dem Hochland herbeigeschleppt wurde. Im Laufe von Millionen von Jahren schüttete der Fluß die fruchtbare Nordchinesische Tiefebene auf. Gleichzeitig bewirkte die beständige Ablagerung von Lößschlamm die stete Erhöhung des Flußbettes, das jetzt viele Meter höher liegt als das Land rechts und links seiner Ufer. Wenn das Wasser die Dämme durchbricht, verwandelt es die umliegenden Anbauflächen in riesige Seen. So

Am späten Nachmittag glitzert das Sonnenlicht auf dem Fluß, der über die Hochebene von Qinghai eilt. Hier in der Nähe der Stadt Darlag, einige hundert Kilometer von der Quelle entfernt, ist sein Wasser noch so frisch und klar, daß man ihn den Silbernen, nicht den Gelben Fluß nennen möchte.

HIROYUKI USAMI

Eine von der Ebbe zurückgelassene Möwenfeder weist zur Mündung des Flusses. Die zurückweichenden Wasser zeichnen kunstvolle Muster in den Schlamm.

starben Millionen von Menschen durch Ertrinken oder Hungersnot. Und deshalb heißt der Fluß seit Menschengedenken „Chinas Sorge".

Der Berg Mangshan vermittelt noch mehr Wissenswertes. Auf einem Gipfel, fern von ihm, steht eine Statue des Großen Yu, die den mächtigen Wasserlauf überblickt. Nach chinesischer Überlieferung hat er vor vier Jahrtausenden den Thron bestiegen und die erste Dynastie, die Xia, gegründet. Er unternahm es, den Fluß zu bändigen – und wacht noch heute über ihn. Spätere Herrscher stiegen zu den Rändern der von der Witterung zerfressenen Schluchten des Berges empor, um sich in den Anblick des Stroms zu versenken, seine Drohungen abzuwägen, seine Versprechen zu bedenken. Eins der bekanntesten und verbreitetsten Porträts, die in unseren Tagen an den Ufern des Huanghe aufgenommen wurden, zeigt den – 1976 gestorbenen – Großen Vorsitzenden Mao Zedong, auf einem Gipfel sitzend und auf den gewundenen Wasserlauf niederblickend, der die Ebene durchquert. Damals überspannte eine Brücke den Fluß und seinen riesigen Schwemmfächer. Heute gibt es zwei Brücken, eine für den Straßenverkehr, die andere für die Eisenbahn. Beide ermöglichen den Transport der Produkte und Erzeugnisse der Provinz Henan über das Wasser.

Der Berg Mangshan vermittelt sowohl Lehren für die Zukunft als auch Botschaften aus der Vergangenheit. Als die Städteplaner Ende der siebziger Jahre beschlossen, das Gebiet in einen historischen Park zu verwandeln, begannen sie gleichzeitig damit, den Berg vor der heftigen Erosion zu schützen, die sich in seine Lößhänge fraß. Inzwischen wurden die steilen Hänge terrassiert; dies verhindert das Fortspülen der Erde durch die schweren Sommerregen. Anpflanzungen von tiefwurzelnden Obstbäumen und widerstandsfähigen Kiefern helfen, den Boden zu festigen. Im kleinen veranschaulicht der Berg Mangshan viele Probleme und Verheißungen des gesamten Huanghe. Der Ausblick auf den Gelben Fluß illustriert zudem plastisch, warum der Wasserweg diesen Namen trägt. Wenn er die Ebene erreicht, führen seine Fluten eine ungeheure Schlammlast mit sich, sechzigmal mehr als der Mississippi. Der aus dem verwüsteten Hochland gewaschene Sandstaub verleiht dem Wasser eine Färbung, die von goldenem Glühen im Sonnenlicht bis zu stumpfem Grau unter den Schneewolken des Winters reicht.

Die beiden Brücken, die den weiten Schwemmfächer überspannen, schwingen sich in die dunstige Ferne; sogar von den Pagoden auf den Gipfeln des Mangshan aus sind ihre Spitzen nicht zu erkennen. Die Brücken des Huanghe sind – bis in die heutige Zeit seltene – Symbole des Fortschritts. Noch vor wenigen Jahren wurde der Fluß in seinem Oberlauf gewöhnlich auf Flößen überquert, die aus aufgeblasenen Häuten bestanden. Weiter flußabwärts gab es Fähren. Auf dem unberechenbaren Unterlauf in der Tiefebene war die Überfahrt immer ein ungewisses oder gefährliches Unterfangen: Entweder war der Huanghe über seine Ufer getreten, oder er führte nicht genügend Wasser, um ein Boot flottzumachen.

Die erste historisch verbriefte Verbindung zwischen den Ufern des Gelben Flusses gelang einem General der Ming-Dynastie (1368–1644), der bei Lanzhou 24 Schiffe miteinander vertäuen ließ, so daß seine Soldaten hinübermarschieren konn-

HIROYUKI USAMI

Der Kapitän einer Fähre nahe der Flußmündung blinzelt hinüber zum winterlichen Horizont. Zehntausend Sonnentage gerbten sein Gesicht. Wie er verdienen Tausende von Männern und Frauen ihren Lebensunterhalt auf den Wassern des Huanghe.

SEIGO OTSUKA

Die Gesichtszüge dieses Dorfvorstehers in der Provinz Shaanxi erinnern daran, daß viele Völker durch das Huanghe-Tal südlich der Großen Mauer gezogen sind.

Übernächste Seite

Die baumlose, windgepeitschte Verlorenheit des „Tals der Blumen und Steine", Huashixia, südwestlich von Xining straft seinen romantischen Namen Lüge. Im Frühling aber bedeckt ein Teppich von Wildblumen das Tal. Auf ihm finden Yak-Herden und die zähen tibetischen Schafe reiche Weide.

HIROYUKI USAMI

ten, um die eingefallenen Barbaren zu bekämpfen. Dieser Ponton wurde als die „Erste Huanghe-Brücke unter dem Himmel" bekannt – ein kühnes Zeugnis primitiver Ingenieurskunst. Folgt man den historischen Aufzeichnungen, gab es in der langen Geschichte Chinas bis 1905 nicht eine feste Brücke über den Gelben Fluß. Im Jahre 1912 waren es schon drei, viele hundert Kilometer voneinander entfernt: in Lanzhou, Zhengzhou und Jinan. Der stählerne Übergang bei Lanzhou, der von einer deutschen Gesellschaft gebaut wurde, kostete das Qing-Reich 360 000 Silbertael. Er wurde erst 1979 von einer dreihundert Meter langen, fünfspurigen Autostraße abgelöst. Zwischen jener Zeit, als die imponierende Stahlkonstruktion bei Lanzhou errichtet wurde, und 1950 wurde keine neue Brücke über den Huanghe geschlagen. Heute gibt es mehr als 54. Die höchstgelegene ist die „Himmelsbrücke" am See Ngoring Nor in der Provinz Qinghai, die mit einer Spannweite von achtzig Metern über den noch schmalen Fluß führt. Vierzig Kilometer flußabwärts trägt die zweite Huanghe-Brücke eine Autostraße, welche die Provinzen Qinghai und Sichuan verbindet. Immer breiter wird der Fluß: Die Eisenbahnbrücke, die mit 71 Bogen über sein Schwemmgebiet bei Zhengzhou führt, ist drei Kilometer lang, und 5,7 Kilometer mißt die Eisenbahnbrücke bei Luokou in der Provinz Shandong.

Weit entfernt von diesen Ebenen beginnt die Geschichte des Flusses. Diese hebt an auf dem entlegenen, eisigen Plateau von Qinghai – über viertausend Kilometer sind noch zu überwinden. Für die Bevölkerung am Unterlauf des Huanghe war sein Geburtsort viele tausend Jahre lang ein Mysterium, das Anlaß gab zu Gerüchten, Legenden, Mutmaßungen, Spekulationen. Erst 1985 entdeckten die Geographen und Geologen des Quellforschungsteams der Huanghe-Kommission den Ursprung des Flusses im höchsten Quellgebiet der Welt. Heute können chinesische Satelliten mühelos den weiten Bogen des Huanghe bis zu seiner Mündung aufzeichnen. Aus der Vogelperspektive sind die Krümmungen, Schleifen und Windungen des Flusses gut zu erkennen, der sich seinen Weg von den Hochebenen durch das Lößbergland von Gansu sucht, dann in einem großen Bogen nordwärts zu den trockenen Steppen der Mongolei und wieder südwärts durch die Schluchten von Shaanxi und Shanxi strömt, hin zu der fruchtbaren Nordchinesischen Tiefebene. Sein gewundener Lauf erinnert im kleinen Maßstab einer Landkarte an den Umriß eines zornigen Drachens mit gekrümmtem Rücken. Feuer speit sein Maul gegen das Bohai-Meer, der Schwanz peitscht das Bayan-Kara-Gebirge, 5464 Kilometer flußaufwärts.

Ist es ein Zufall, daß die Schleifen des Flußlaufs der Gestalt eines Drachens ähneln? Die abergläubischen Bauern jedenfalls glaubten den Huanghe viele Jahrhunderte lang von einem Drachen bewohnt. Obwohl er mit seinem Wasser und Schlamm Leben bringt, fürchteten sie ihn – zu Recht. Der unberechenbare, ruhelose Strom war kein angenehmer Diener. Immer wieder trat er nach heftigen Regenfällen im Sommer plötzlich aus seinem verschlammten Bett hoch über der Ebene, überflutete die Felder, zerstörte die Häuser und tötete die Menschen, Millionen im Verlauf der chinesischen Geschichte. Die Hungersnöte, die der Vernichtung der Ernten in den überschwemmten Gebieten folgten, kosteten weitere Millionen das Leben. „Chinas Sorge" – selten ist ein Fluß treffender benannt worden.

WILLIAM NG

Bei Kaifeng üben sich junge Männer in der alten Kunst der Selbstverteidigung, Kungfu. Ihre Lehrer sind die Mönche des nahegelegenen Shaolin-Klosters, in dem der legendäre Ursprung dieses Kampfstils liegt.

SEIGO OTSUKA

Im Norden von Luoyang erhebt sich, zehn Meter hoch und 150 Tonnen schwer, die Statue des Großen Yu, des mythischen Herrschers und Flutenbezwingers, über dem Huanghe. Sie symbolisiert die Kontrolle und Herrschaft über diesen unberechenbaren Strom. Der Berg, den sie krönt, war einst kahl. Heute ist er dank eines Bewässerungssystems üppig bewachsen.

Der Fluß war aber auch die Mutter des chinesischen Volkes. Die Statue am Berg Mangshan verdeutlicht das. Mit Hilfe modernster wissenschaftlicher Methoden gelang es Wissenschaftlern nachzuweisen, daß Vorfahren des Homo sapiens vor 850 000 Jahren an den Ufern des Huanghe lebten. Im Laufe der Jahrhunderte bildeten sich seßhafte Ackerbau-Gesellschaften, und vor fünftausend Jahren gab es bereits hochentwickelte Kulturen, die befestigte Siedlungen anlegten, den Boden urbar machten, Hirse und andere Getreidesorten in ausreichender Menge anbauten und erlesen bemalte Töpferwaren herstellten. Die Felder wurden vom Gelben Fluß bewässert. Sein trübes Wasser war das Herzblut des chinesischen Volkes.

Heute durchquert der Strom auf seiner krümmungsreichen Reise von den Hochebenen zum Meer neun Provinzen und Autonome Gebiete. Er durchmißt Qinghai, säumt die Provinz Sichuan, windet sich durch Gansu, stößt nach Norden vor in das Autonome Gebiet der Hui, Ningxia, wendet sich nach Osten in die Innere Mongolei und bildet die Grenze zwischen den Provinzen Shaanxi und Shanxi, bevor er in die Nordchinesische Tiefebene tritt und sich durch die Provinzen Henan und Shandong zum Bohai-Meer wälzt. Dabei überwindet er ein Gefälle von 4500 Metern, nimmt vierzig große Flüsse, Hunderte von Bächen und Tausende von Quellen in sich auf. In den 752 443 Quadratkilometern seines Einzugsgebiets leben 120 Millionen Menschen, deren Leben auf die eine oder andere Weise, direkt oder indirekt, vom Huanghe abhängt. Abgesehen von seinem Wasser birgt der Fluß viele Schätze. Mineralien findet man an seinen Ufern in Qinghai, Gold wird in Ningxia gewaschen; riesige Chemiewerke stehen an seinem Lauf bei Lanzhou; bei Baotou in der Inneren Mongolei dehnen sich Stahlwerke aus, und die ehemaligen Hauptstädte im Stammland der chinesischen Kultur – Xi'an, Luoyang, Zhengzhou, Kaifeng – sind heute bedeutende Zentren von Gewerbe und Industrie. Die Provinz Shanxi bietet schier unerschöpfliche Vorkommen hochwertiger Kohle, und dort, wo der Schlamm des Gelben Flusses dem Bohai-Meer eine ockerfarbene Tönung verleiht, fördern riesige Bohrtürme Erdöl, das schwarze Gold.

Hui-Frauen bereiten für das Fest, welches den Fastenmonat Ramadan abschließt, die traditionellen Delikatessen. Mit Lammfleisch und Gemüse gefüllte Klöße sind das Ergebnis einer Verbindung von islamischen Essensvorschriften und chinesischer Feinschmekkerkultur. Die Köstlichkeiten werden begierig von den Gläubigen erwartet, die einen ganzen Monat lang das Fastengebot befolgt haben.

Nicht nur die Reichtümer der Natur liegen in den tiefen Lößschichten der Ebenen begraben, auch das Erbe eines Volkes und einer Nation. In der heutigen Provinz Henan stand die Wiege der chinesischen Kultur, wovon Relikte aus zehntausend Jahren zeugen. An den Ufern des Flusses stiegen Königreiche auf, blühten Imperien, ritten Eroberer, verfielen Dynastien. Der Fluß überzog die Siedlungen und Städte der einander ablösenden Kulturen mit einer dicken Schlammschicht und bewahrte sie so vor natürlichem Verfall und menschlicher Zerstörung. Ein Teil des wertvollen Vermächtnisses einer in Vergessenheit geratenen Vergangenheit wurde bereits geborgen. Es gibt jedoch noch viel zu entdecken, glauben Anthropologen und Archäologen, in diesen von der Natur geschaffenen Gräbern der alten Städte. Viel zu lernen wäre dann über die vergangenen Kulturen, die gerade in den Städten der Nordchinesischen Tiefebene ein pulsierendes, glanzvolles Leben entfalteten.

Fast jeder Aspekt der chinesischen Kultur, Wissenschaft und Gelehrsamkeit hat seinen historischen Ursprung am Unterlauf des Gelben Flusses, zwischen Shaanxi und dem Meer. Die taoistische wie die konfuzianische Lehre wurden hier geboren,

Der Novize Li Hua kommt nach Hause, um ein paar Tage mit seiner Familie in Guide zu verbringen. Anschließend wird er ins Kloster Taer zurückkehren, um seine Studien fortzusetzen, die ihn auf das mönchische Leben vorbereiten.

ebenso die Wissenschaft vom Menschen und seinem Lebenszusammenhang, welche die Akupunktur und in der Song-Zeit Enzyklopädien zur Heilkräuterkunde hervorbrachte. Hier wurde vor zweitausend Jahren die heute so geschätzte Architektur mit den geschwungenen Dächern als charakteristischem Merkmal entwickelt. Auch die Anfänge der chinesischen Sprache, der gesprochenen und der geschriebenen, gehen auf die frühen Kulturen an den Ufern des Huanghe zurück. Die ältesten Schriftzeichen wurden bei archäologischen Ausgrabungen in Henan entdeckt, eingeritzt in Tonscherben, Knochen und Schildkrötenpanzer, die frühesten vor über viertausend Jahren entstanden. Gelehrte und Künstler setzten all ihren Ehrgeiz darein, auf dem Gebiet der Kalligraphie höchste Vollendung zu erreichen. Die Schreibkunst zog die Erfindung des Papiers und des Drucks nach sich; bereits in der Tang-Zeit wurden Texte und Bilder mittels hölzerner Druckstöcke vervielfältigt.

Schon früh erklang Musik an den Ufern des Gelben Flusses. Die Qin, eine siebensaitige Zither, ist seit wenigstens dreitausend Jahren bekannt, und die Pipa, eine birnenförmige Laute mit vier Saiten, erklang so wie sie noch heute in den Konzertsälen Chinas zu hören ist, erstmals vor siebzehn Jahrhunderten in Kaifeng. Dichtung, eine der subtilsten Formen der Kunstübung, wurde in allen Dynastien hochgeschätzt. Und sogar, wenn die Dichter von Liebe und Leidenschaft sangen, führten sie den Huanghe oder einen seiner Nebenflüsse an – so, wie der Verfasser dieses Gedichts aus dem von Victor v. Strauß vor über hundert Jahren übersetzten uralten, kanonischen „Buch der Lieder“:

Bist du in Liebe meiner gedenk,
Will ich mich schürzen, den Tsin zu durchwaten.
Wärest du nicht mehr meiner gedenk,
Braucht' eines Anderen ich zu entrathen?
O du thörichtster aller thörichten Burschen, oh!

Mathematik, Technik, das Studium der Erde, der Tiere und des Himmels, Religion, Malerei, Drama, Musik, Oper, Porzellan, Küche, Sprache, Ackerbau ... beinah alles, was wir heute als chinesische Kultur, als chinesische Lebensart bezeichnen, bildete sich in diesem Gebiet am Gelben Fluß heraus. Jahrhundertealte Zeugnisse belegen das immer wieder. Das gilt auch für die Hydrologie, die Lehre von den Flüssen und ihrem Verhalten. Vor mehr als 4200 Jahren verliehen die Herrscher am Huanghe jenen Beamten höchste Würden, die ergründeten, wie dieser todbringende Quell des Lebens, Freund und bitterer Feind zugleich, zu zähmen und zu nutzen sei. Dieses Problem beschäftigt noch heute Wissenschaftler zahlreicher Fachrichtungen.

Der Fluß zeigt viele Gesichter. Seine Quellwasser glitzern in Eis und Schnee und Sonnenschein, durcheilen kristallene Seen und hochgelegene Wiesen. Flußabwärts drängen ungeheure Schlammlasten ungestüm durch enge Schluchten, verstopfen die Turbinen der Talsperren, überwinden tosend Stromschnellen. Sobald sie jedoch die mächtigen Dämme erreichen, die den ungeheuren Fluten standhalten sollen, wird der gefürchtete Huanghe wie durch ein Wunder zu einem harmlosen Strom – zumindest viele Monate des Jahres hindurch. Ziellos windet er sich durch sein

YASUHIRO HAYASHI

Ein Boot ist ihr Heim. Diese Fischerfamilie verbringt ihr ganzes Leben auf den Wassern des Dongping-Sees. Sie zieht sogar Blumen, die in dem vom Grund des Sees geschöpften Schlamm prachtvoll gedeihen.

riesiges Schlamm- und Lehmbett, ein bescheidener Wasserlauf, der in seinem Schwemmgebiet von fünf Kilometer Breite beinah verloren wirkt. Bei Kaifeng fließt er zwischen Deichen, die dreizehn Kilometer auseinanderliegen. Aus der Luft erscheinen seine Rinnsale in dem weiten Schwemmfächer wie ein Gewirr von gelben Nudeln, die die Menschen dort so gern auf ihre Teller häufen. Stromaufwärts wurde ihm mehr als die Hälfte seines Wassers genommen, vorzugsweise zur Bewässerung der Felder; in Shandong angekommen, führt er so wenig Wasser, daß er häufig austrocknet. Fürwahr, ein widernatürlicher Zustand für einen Fluß, dessen Name zum Synonym für Flutkatastrophen wurde! Aber jene mächtigen Deichanlagen sind unverzichtbar. Ganz plötzlich füllt sich das Flußbett. Wolkenbrüche im Lößbergland von Shaanxi oder Shanxi lassen den Fluß bedrohlich anschwellen. Mit unvorstellbarer Geschwindigkeit stürzt er über die Dämme. Aus diesem Grund wenden die Chinesen in jedem Jahr erhebliche Summen für die Erhaltung der Deiche auf, die den unberechenbaren Strom auf seinem tausend Kilometer langen Weg durch die Nordchinesische Tiefebene begleiten.

Links

In der „Kleinen Golddach-Halle" bei Xining murmelt ein alter Mönch die Gebete seines Glaubens. Seine Robe ist abgetragen. Ein Leben voller Gebete liegt hinter ihm und vor ihm eine Ewigkeit voller Gebete in anderen Inkarnationen.

WILLIAM NG

Frühmorgens am Stadtgraben von Xi'an. Die über Jahrhunderte hinweg bedeutsame und wohlhabende Stadt bewahrte viele ihrer alten Bauten; die Straßenführung ist hier von klassischer Gradlinigkeit. Einst schützten vier Mauern die Stadt.

遊幸江都

古文明之搖籃

Die Wiege der Kultur

Chinas Geschichte ist die Geschichte des Gelben Flusses. Schon in der Steinzeit lebten Menschen an seinen Ufern, schlossen sich zu Stämmen zusammen, angelten Fische in seinen Untiefen, jagten Tiere, die seine Wasser tranken, wurden zu – noch ungeschickten – Bauern, die ihre kargen Hirsefelder mit Wasser aus dem Fluß, das sie in Häuten herbeitrugen, fruchtbar machten. Der Fluß und die Menschen blieben untrennbar miteinander verbunden. Gemeinsam zogen sie durch die Geschichte.

Wissenschaftler nehmen an, daß die frühesten menschlichen Wesen vor 850 000 Jahren an den Lößufern des Gelben Flusses eine Lebensgrundlage fanden. Fossilierte Knochen weisen Kratzspuren auf. Wahrscheinlich stammen diese von menschlichen Zähnen, geben erste Hinweise. – Solche Überreste helfen den Anthropologen, ein undeutliches Vexierbild vom Leben der primitiven Vorväter der Chinesen zusammenzusetzen.

Vor fünftausend Jahren ungefähr hatten Stämme an mehreren Orten im Tal des Flusses, im Gebiet der heutigen Provinz Henan, seßhafte Ackerbaugemeinschaften gebildet. Von diesen Ahnen der chinesischen Vergangenheit erzählen historische Berichte, mit Mythen und Legenden verwoben. Nicht anders als bei den biblischen Gestalten am Anfang der abendländischen Welt verschmolzen in China oft mehrere Personen oder gar Völkerstämme zu einer neuen Identität. Dieser wurde dann ein neuer Name verliehen, und dieser Name wurde als der eines kulturstiftenden Herrschers verstanden. Ein solcher Herrscher regierte dann stets länger als hundert Jahre, gütig und weise.

Die chinesische Überlieferung bestimmte viele Jahreszahlen im 2. oder gar 3. Jahrtausend v. Chr. zum jeweils frühesten Datum ihrer Geschichte. Allen diesen

Bunt geschmückte Boote werden für die alljährlichen Drachen-Feste vorbereitet. Durch dieses Fest wird der zornige Drache, der über den Huanghe herrscht, mit Feuerwerk, Musik, Wein und Darbietungen aller Art besänftigt.

Daten ist gemein, daß sie dem Wunsch entsprangen, Chinas Geschichte in möglichst frühe Zeiten zurückzuführen. Erst beim Jahr 841 v. Chr. jedoch setzt eine halbwegs authentische Geschichtsschreibung ein, alle früheren Daten gehören in den Bereich der Legende.

Am Anfang dieser legendären Überlieferungen steht der halbgöttliche Kaiser Fu Xi, der in der Nähe des heutigen Kaifeng an den Ufern des Huanghe regierte. Dieser bloß schemenhaft erkennbare Herrscher der frühen Chinesen soll – so sagt die Überlieferung – die Grundlagen für eine Gesellschaft gelegt haben, die seither hartnäckig allen Versuchen, sie zu ändern, widerstand. Fu Xi formte die Sippen und führte die Familiennamen ein. Der Name, den er sich selbst erwählte, lautete Feng, „Wind". Vielleicht dachte er dabei an die Brise, die den lößbildenden Sand, der die Ebenen am Fluß schuf, herbeiblies. Der Legende nach wehte Kaiser „Wind" gut. Er hinterließ seinen Untertanen und unzähligen nachfolgenden Generationen Segnungen der Kultur: Musikinstrumente, die Schrift, die Institution der Ehe. Und er lehrte sie nicht nur zu jagen und zu fischen, sondern auch die Haustierhaltung. Ihm folgte

Eine Legende erzählt, ein Dichter habe sich in eine Flußgöttin, hier mit Drachenfüßen dargestellt, verliebt. Das Original dieser Bildrolle entstand im 4. Jahrhundert, die abgebildete Kopie acht oder neun Jahrhunderte später.

Shen Nong, der „Göttliche Ackersmann". Dieser führte den Pflug ein, überwachte und förderte den Anbau der fünf Kornarten und lehrte seine Untertanen die Kräuterheilkunde. Er soll 140 Jahre geherrscht haben.

Nach ihm gelangte die Herrschaft an Huang Di, den „Gelben Kaiser", eine herausragende Gestalt, die noch heute von den Chinesen als Urahn ihres Volkes verehrt wird. Wenn diesem Herrscher auch nur ein kleiner Teil seiner unglaublichen Taten und Errungenschaften zu Recht zugeschrieben wird, dann war er immer noch ein wahrhaft erstaunlicher Mensch. Er rang Usurpatoren und Herausforderer nieder, indem er Schwert und Schild erfand. Er führte eine geordnete Verwaltung ein und ermutigte befähigte Untertanen, die Schrift zu verfeinern, astronomische Instrumente zu konstruieren und Musik auszuüben. Andere Beamte beauftragte er, die Töpferei, die Herstellung von Pfeilen und die Fertigung von Bögen zu überwachen. Dieser Gelbe Kaiser ließ Ochsen ins Joch spannen und den Pferden Lasten aufladen, um den Menschen die Arbeit zu erleichtern. Auf seine Anweisung höhlten Handwerker Baumstämme aus, um Boote zu fertigen, und diese Boote ließ er die trüben

SEIGO OTSUKA

Ein furchteinflößender Drache wacht am Dachfirst der Großen Halle des Klosters Taer nahe Xining.

FREER GALLERY/AMERICAN HERITAGE

Dieses Bronzegefäß diente, ebenso kunstvoll wie nützlich, als Weinbehälter bei den Opfern der Shang-Dynastie.

Rechts

Der nach China eingewanderte Buddhismus erneuerte dort Dichtung und Malerei. Seine für China neue Lehre veränderte die Landschaft des chinesischen Denkens. Vielleicht bahnte sie auch neue Wege zur Zähmung der wilden Flüsse.

Wasser des Gelben Flusses befahren. Er goß die ersten Münzen und förderte das Studium der Medizin. Auch Lei Zu, seine Frau, war eifrig tätig. Sie lehrte seine Untertanen, wie man Seidenraupen hegen und Seide gewinnen kann und wie sie aus dieser Seide Kleider fertigen konnten. Huang Di verbreiterte die Grundlage für die politische Ordnung Chinas, indem er das Reich in einfacher zu regierende Provinzen einteilte. Unter seiner und seiner Nachfolger Herrschaft lebte das Volk in Wohlstand. Das chinesische Reich dehnte sich über den Gelben Fluß von Henan bis nach Shanxi aus, flußabwärts bis in das heutige Shandong.

Die Bevölkerung wuchs, das Herrschaftsgebiet vergrößerte sich. Unerbittlich besetzten die Armeen der Herrscher neue Gebiete. Barbarische Stämme gerieten unter ihre Gewalt und wurden der frühchinesischen Kultur eingegliedert. Um 1500 v. Chr. war dann jene Ordnung gefunden, von der wichtige Elemente Jahrtausende Bestand haben sollten. Diese Ausbreitung des chinesischen Einflusses, die Blüte von Kunst und Kultur, die wachsende Verfeinerung der Herrschaftsübung – sie gründeten fest auf solidem Ackerbau, und dieser beruhte auf den Wassern des Huanghe.

Solange die Expansion Chinas anhielt, lag es ständig in Krieg mit benachbarten Stämmen. Legendäre Annalen der beiden ältesten Herrscherdynastien Xia und Shang verzeichnen ingrimmig das wechselnde Geschick des Staates. Es hing vom Huanghe ab und stieg und fiel wie dessen Fluten. 1637 v. Chr. strömten die Häuptlinge von 760 Stämmen an den chinesischen Hof, um sich dessen Herrschaft zu unterwerfen. 1557 v. Chr. kamen die Südbarbaren von Lan – freilich nicht, um sich zu ergeben, sondern um das Land zu plündern. 1534 v. Chr. erhob sich der Strom zu einer so gewaltigen Flut, daß die Hauptstadt verlegt werden mußte, an einen heute verschollenen Ort. „Niedergang des Staates“ verzeichnen die Annalen dunkel, und dann, im Jahre 1490 v. Chr., „Wirrsal im Reiche“, um für 1373 v. Chr. abermals den „Niedergang des Staates“ zu vermelden. Nicht alles jedoch war Unheil. 1293 v. Chr. endete ein dreißigjähriger Krieg mit dem Stamm von Guifang damit, daß dieser um Unterwerfung einkam. „Von da an herrschten Frieden und Wohlstand“, notierten die alten Geschichtssschreiber.

Sicherheit und Wohlstand, die in solchen Zeiten der Ruhe herrschten, ruhten auf den breiten, kräftigen Rücken der Bauern. Auf dem sicheren Grund, den deren Ackerboden bot, errichteten die Kaiser Paläste – der Kunst, der Kultur, der Küche und dem Vergnügen. Das galt auch für die beiden ersten Herrscherdynastien, für Xia und Shang. Ihr Ende glich sich, machen uns die alten Geschichtsschreiber glauben. Dekadenz, Korruption, Grausamkeit und Vergnügungssucht führten zu einem Verlust an herrscherlicher Tugend. Die Lage verschlimmerte sich durch den anhaltenden Druck feindseliger nomadischer Barbaren, die von allen Seiten die Grenzen bedrängten. Dies hielt diese letzten Herrscher nicht von ihrem lasterhaften Leben ab. Für die Vornehmen, die ihrem Treiben warnend Einhalt gebieten wollten, ersannen sie neue, scheußliche Strafen, ließen sie über Feuerbecken schreiten, rissen ihnen das Herz aus dem Leib – bis ihnen das Volk die Gefolgschaft versagte. 17 Herrscher soll die Dynastie Xia, 30 die Shang gezählt haben.

Die Hauptstädte der Xia und Shang wurden öfter verlegt. Die Gründe hierfür

sind unbekannt. Erst allmählich gibt der Lößboden den Spaten der Archäologen ihre Überreste frei. Alle Hauptstädte, die Sitze des Hofes, lagen in dem Gebiet von Shandong bis Shanxi. Und alle wiesen eine Gemeinsamkeit auf: Sie lagen am Gelben Fluß oder an einem von dessen Zuflüssen. Der Fluß durchzieht die chinesische Geschichte wie ein Leitfaden aus Wasser.

Die dritte Dynastie, die der Zhou, hatte ihren Sitz in Shanxi, in der lange vergessenen Stadt Hao, verlegte diesen flußabwärts nach Luo in Henan und später noch weiter flußabwärts. Nach ruhigen Anfängen, den beiden ersten Jahrhunderten des 1. Jahrtausends v. Chr., war die Welt der Zhou eine Welt beständiger Kriege zwischen Feudalstaaten, die dem Kaiser lediglich Lippendienste erwiesen. Dieses Zeitalter war gekennzeichnet von Verrat, Mord, Rebellion und Aufständen. Während aber Herrscher und Krieger um Vormachtstellungen kämpften, prägten das Leben der Bauern weiterhin eher die Fluten des mächtigen Flusses, an dessen Ufern sie lebten, denn die Schauspiele der Kaiser, der rivalisierenden Fürsten, der streitenden Recken und der marodierenden Barbaren.

Die geschriebene Sprache entwickelte sich fort. Die Weisen des „Buchs der Lieder" wurden gesungen, die Bewässerung wurde verbessert, und in der Stadt Qufu in der heutigen Provinz Shandong wurde 551 v. Chr. ein Knabe geboren, der China prägte – langwährender und tiefgehender als jeder Herrscher. Kong Qiu, den wir als Konfuzius kennen, wuchs in Armut auf und verbrachte seine frühen Jahre als kleiner Zivilbeamter. Er trat von seinem Amt zurück, weil er nicht einer Regierung dienen wollte, die ihren legitimen Fürsten vertrieben hatte. Er widmete sich ganz der Lehre und scharte schnell idealistisch gesonnene Schüler um sich, die von seiner Philosophie der Pflicht und Loyalität angezogen waren. Die meisten Jahre seines Erwachsenenlebens verbrachte Konfuzius fern der Heimat, dem Herzogtum Lu, auf ruhelosen Reisen durch das Reich, deren Ziel wir nicht kennen. Im Alter von 67 Jahren kehrte er zurück, um sein philosophisches Lebenswerk zu vollenden. Über die Wege der Menschen nachsinnend, schrieb er ferner die Annalen von Lu und nannte sie „Frühling und Herbst". Schon der Titel deutet Aufstieg und Niedergang menschlichen Wirkens im Tal des Huanghe an. Wie tief seine Lehre auf 25 Jahrhunderte chinesischer Kultur wirkte, läßt sich gar nicht überschätzen. Er legte die philosophischen Grundlagen für den Respekt in der Familie, die Kindespflichten und den Gehorsam, die in vielerlei Hinsicht noch heute das alltägliche Verhalten von Abermillionen Chinesen bestimmen. Die Herrscher forderte er zu Mitmenschlichkeit und vorbildlichem Verhalten auf. Posthum – während der Kulturrevolution – von den Roten Garden geschmäht, wird Konfuzius heutzutage abermals zum Weisen, der im eigenen Lande etwas gilt. Sein Familiengrab, in den Unruhen der sechziger Jahre geschändet, wurde restauriert und der Öffentlichkeit zugänglich gemacht. Heute ist es vielfach Ziel organisierter Touristenreisen, für Ausländer und Chinesen.

Die Zhou-Dynastie, die von Konfuzius verehrt wurde, siechte schon zu seinen Lebzeiten dahin, ertrank schließlich in einem Meer von Blut. Das Land am Gelben Fluß taumelte in ein Chaos aus Kampf und Metzelei. Allianzen wurden geschlossen und gebrochen, verfeindete Staaten knüpften neue Bande, bis Armeen wieder durch

BRUNDAGE COLLECTION/LAURIE PLATT WINFREY INC.

Verborgen ist ihr Sinn, feinsinnig ihr Dekor! Abgründiger Humor kennzeichnet viele Werke der frühen chinesischen Kunst. Ein Tierkopf lächelt auf dem Deckel dieses Gefäßes aus der Shang-Dynastie.

Links

Der Gelbe Fluß zwang nicht nur zu Großtaten in Wissenschaft und Ingenieurskunst. Er regte auch zu stilleren Kunstwerken an. Diese Hängerolle aus der Tang-Dynastie bildet den Palast eines Adligen an den weiten und ruhigen Ufern des Stromes ab.

Das Bild *Frühlingsfest am Fluß* von Zhang Zeduan schildert das Leben bei Kaifeng, wo die Hauptstadt der Song lag. Hier befand sich das Zentrum eines Geflechts von Wasserwegen, die das Delta des Changjiang, die Halbinsel Shandong und die Seehäfen von Zhejiang mit den inneren Provinzen des Reiches verbanden. Wie lebendig im 12. Jahrhundert der Alltag hier war, führt uns das Bild des Zhang Zeduan vor Augen. Manche Einzelheit darauf ist auch heute noch in China zu beobachten.

die Lande zogen und diese Bande zerhieben. 312 v. Chr. lag der Staat Chu mit dem Staate Qin im Krieg. Nach dessen Niederlage wurden 80 000 seiner Soldaten geköpft. 308 v. Chr. focht der Herrscher von Qin mit dem Königreich Han, und 60 000 Soldaten von Han verloren ihre Köpfe. 273 v. Chr. soll das Heer von Qin 150 000 Soldaten des Staates Wei enthauptet haben, und 260 v. Chr. tötete es 450 000 Mann aus Zhao, nachdem diese sich ergeben hatten. – Die Bauern litten am meisten unter den endlosen Kriegen, während derer die Herrscher von Qin mit rivalisierenden Königen darum stritten, wer das Erbe der Zhou antreten solle.

Im Jahre 221 v. Chr. war der Staat Qin der Sieger im Kampf der Feudalstaaten um die Vorherrschaft, und sein König, später als Qin Shihuang bekannt, einte das Reich. Er war ein zielstrebiger und listenreicher Feldherr, und er besaß ebenso geschickte Generäle. Qin Shihuang festigte im Laufe der Jahre seine Herrschaft und legte sich gleichsam den Purpurmantel der legendären Herrscher der Urzeit um: Drei legendäre Kaiser Chinas hatten die drei „huang“, die „Erhabenen“, geheißen; fünf andere wurden die fünf „di“, „Kaiser“, genannt. Deren Titel faßte er für sich zu einem neuen Herrschertitel zusammen: huang di, „Erhabener Kaiser“. Unter dem Namen Qin Shihuang di, „Erster Erhabener Kaiser von Qin“, wird seiner gedacht als desjenigen Monarchen, der China einte.

Er war ein politisches Genie und ein verschlagener Heerführer. Er herrschte mit

METROPOLITAN MUSEUM OF ART

eiserner Faust. Wer immer sich ihm widersetzte, der war, mitsamt seiner ganzen Familie, dem Tode verfallen. Um dem Land sein Gesetz aufzuzwingen, reiste Qin Shihuang immer wieder durch sein Land am Gelben Fluß. Auf dem Gipfel des berühmten Berges Taishan errichtete er eine Gedenkstele, die seine Heldentaten pries. Andere Stelen richtete er auf anderen heiligen Bergen seines Reiches auf. Sein eigentliches Vermächtnis jedoch war die Idee des *einen* China, eines universalen, unteilbaren Staates, der sich von allen staatlichen Gebilden in seiner Nachbarschaft unterschied. Diese Idee starb niemals. Ihr hängen noch heute Beijing und Taibei gleichermaßen an: Beide bestehen auf dem Konzept des *einen* China.

Die Qin-Herrschaft lebte nicht viel länger als der große Einiger. Drei Jahre nach seinem Tod marschierte Liu Bang, der Herzog von Pei, in die Hauptstadt Xianyang, die unweit des Huanghe lag, ein. Nach weiteren vier Jahren voll blutiger Feldzüge rief er sich zum Kaiser einer neuen Dynastie aus. Obwohl in Blut und Schmutz geboren, sollte diese Dynastie Han das alte China mit neuem Glanz erfüllen. Seitdem nennt sich das chinesische Volk mit dem Namen dieser Dynastie, bezeichnet sich stolz als „Söhne der Han". Die Zeit der Han war eine Zeit energischer territorialer Expansion. Bald zogen sich die kaiserlichen Grenzen weit entfernt vom Gelben Fluß hin. Im Süden lagen sie jenseits des Changjiang (des Yangtse-Flusses), reichten dort von Sichuan im Westen bis nach Guangzhou (Kanton) im Osten. Und

NATIONAL PALACE MUSEUM, TAIWAN/AMERICAN HERITAGE

D*en Pfirsich der Unsterblichkeit darbietend,* ein Gemälde aus der Yuan-Dynastie. Dieses Bild offenbart, daß unter dieser sogenannten Mongolen-Dynastie ein neues Nachdenken über die Zukunft China erfaßte. In den folgenden dreihundert Jahren der chinesischen Dynastie Ming kehrten Ruhe und Gleichmaß zurück.

im Norden verloren sie sich in den Steppen und Wüsten jenseits der Großen Mauer. Das Herz des Reiches aber und seine Hauptstadt lagen unverändert im alten Kernland der chinesischen Kultur, am Huanghe.

Dies hatte natürlich auch Nachteile. Dessen Fluten drangen schließlich in die Paläste genauso, wie sie die elenden Hütten der Bauern fortrissen. Weitere Gefahren erwuchsen daraus, daß sich die Kaiserstadt im Norden befand. Der Wohlstand und die hochentwickelte Kultur in China weckten nämlich den Neid und die Habgier der wilden nomadischen Stämme jenseits der Großen Mauer. Keine Mauer, wie gewaltig sie auch sein mochte, konnte deren Einfälle verhindern. Nicht einmal die riesige Bevölkerung Chinas unter der Dynastie Tang wurde der beständigen Überfälle und Plünderungsfeldzüge Herr. Nachdem sie einmal die Große Mauer überwunden hatten, plünderten und mordeten die Barbaren, und die kaiserliche Hauptstadt – ob sie nun in Xi'an, Luoyang oder Kaifeng lag – befand sich immer in Reichweite der Eindringlinge. Die Versuchung, sie nach Süden zu verlegen, muß groß gewesen sein, vor allem, nachdem das Tal des Changjiang mit seinen fruchtbaren Reisfeldern endgültig unter chinesische Herrschaft geraten war. Politischer Beharrungsdrang jedoch drängte alle anderen Erwägungen in den Hintergrund, und die Hauptstadt blieb im Einzugsgebiet des Gelben Flusses. Bemerkenswerte Ausnahmen bildeten lediglich der Rückzug der Südlichen Song nach Hangzhou zwischen 1127 und 1279, als die barbarischen Dschurdschen den Norden besetzt hatten, und – eine noch kürzere Zeit – Generalissimo Jiang Jieshi (Chiang Kai-shek), der in den dreißiger Jahren unseres Jahrhunderts Nanjing zu seiner Hauptstadt machte, da japanische Invasoren in das Land eingefallen waren. Zu Zeiten der Reichstrennung – während der Zeit der Kämpfenden Staaten (475–221 v. Chr.), der Drei Reiche (220–280) und der Fünf Dynastien (907–960) – gab es natürlich mehrere kleine Hauptstädte.

Seit Menschen im Tal des Huanghe lebten, hing das Wohlergehen ihrer Gemeinschaft von dessen Wassern, der Fruchtbarkeit des Lößbodens und vom Geschick und Fleiß der Bauern ab. Während diese in unermüdlicher Arbeit dem Boden seine Früchte abrangen, brachte das Land zugleich eine Reihe bizarrer autokratischer Herrscher hervor, die den durch den Ackerbau geschaffenen Reichtum mißbrauchten. Viele Herrscher der alten Kaiser-Dynastien waren integre, gewissenhafte Persönlichkeiten. Sie erließen gerechte Gesetze und hielten ihr Reich in Ordnung. Andere jedoch waren verschwenderische und verantwortungslose Gesellen, der Völlerei oder der Wollust verfallen. Noch andere waren eine Mischung aus beidem. Sogar der große Einiger, Qin Shihuang, verbrachte einen Teil seines Lebens in einer krankhaften Furcht vor allen möglichen Gegnern. Gelehrte, mit deren Lehren er nicht übereinstimmte, ließ er lebendig begraben, die Bevölkerung ganzer Distrikte ließ er hinmetzeln, wenn dort Nachteiliges über ihn geäußert worden war.

Nicht alle Herrscher waren ausschließlich von Politik und Eroberungsdrang besessen. Im Gegenteil, viele sorgten sich kaum um die Bürde ihres Amtes. Sie waren glücklich, die Alltagsgeschäfte den Beamten überlassen zu können, während sie selbst sich privaten Vorlieben widmeten – gewaltigen Krügen voll Wein, Palästen voller schöner Frauen und, manchmal, der Dichtung und der Malerei.

FREER GALLERY/NEWSWEEK

Nicht einmal die Lebenskraft der Tang-Dynastie konnte die Reiterscharen der Barbaren von Überfällen abhalten. Wenn auf diesem Bild die kaiserliche Favoritin Yang Guifei, eine der berühmtesten Frauengestalten Chinas, ein Pferd besteigt, wirkt dies wie ein ironischer Kommentar zu der Unfähigkeit der chinesischen Armeen, den feindlichen Reitern standzuhalten.

BRUNDAGE COLLECTION/LAURIE PLATT WINFREY INC

Kultur wuchs an den Ufern des Huanghe, und alltägliche Gegenstände gewannen eine Bedeutung, die heute nicht mehr zu enträtseln ist. Dieses bronzene Ritualgefäß vom Ende der Shang-Dynastie diente dazu, Wein zu erwärmen.

Übernächste Seite

Dörfliches Alltagsleben zeigt dieses Bild einer Flußlandschaft, *Marktflecken am Fluß*, aus dem 11. Jahrhundert, aus der Dynastie Song.

NATIONAL PALACE MUSEUM TAIWAN/AMERICAN HERITAGE

Der Kaiser Yang aus der Dynastie Sui herrschte in Xi'an. Während seiner Regierungszeit (605–616), die er vor allem seinem Vergnügen weihte, ließ er durch zwei Millionen Menschen 40 Paläste bauen. Und da er gerne in Booten fuhr, legte er einen See von fünf Kilometer Länge an. Drei Inseln erhoben sich in dessen Mitte bis zu einer Höhe von 30 Metern. Diesen stillen See, der durch den Fluß Weihe gespeist wurde, befuhr er auf einer Lustbarke, die 65 Meter lang war. Ihre 120 Kabinen, auf vier Geschosse verteilt, bargen ausgewählt schöne Konkubinen. Die Ufer des Sees wurden von Pavillons gesäumt, in denen andere Schönheiten weilten – für den Fall, daß der Kaiser seiner Seepartie überdrüssig wurde. An Land ritt er im Mondlicht durch einen riesigen Park, der wohl 50 Kilometer im Geviert maß. Tausende Konkubinen und Kurtisanen folgten ihm. Sobald im Herbst die Blätter fielen, mußten Heerscharen von Gärtnern die Bäume mit frischem Grün schmücken, um ihnen ein frühlingshaftes Aussehen zu verleihen.

Der sexuelle Appetit vieler Herrscher Chinas war erstaunlich. Demzufolge wurde das Leben am Hofe oft von ihren Konkubinen geprägt – und von den Heerscharen streitlüsterner Eunuchen, die in den endlosen Fluchten der Schlafgemächer mit den Favoritinnen des Kaisers Ränke schmiedeten. Oft war die Politik im Harem noch gemeiner und korrupter als die öffentliche. Und bestimmt gab keine Hofdame Pardon, wenn es darum ging, die Gunst des Himmelssohnes zu erstreiten. Sima Yan, der erste Kaiser der Westlichen Jin, regierte in Luoyang. Nach der Auslöschung des Königreiches Wu im Jahre 280 nahm er fünftausend Frauen aus Wu in seinen Harem auf, zusätzlich zu den Tausenden, die bereits darin weilten. Der Kaiser hatte Freude daran, durch das riesige Palastgebiet mit den Frauengemächern auf einem Wagen zu fahren, der von einer Ziege gezogen wurde. Wo diese stehenblieb, stieg er ab und frönte seiner Lust. Damit die Ziege an ihrer Tür innehielt, legten gewitzte Konkubinen süße Bambusblätter in kleine Lachen voll salzigen Wassers. Doch war die Haremsintrige nicht bloß müßiger Zeitvertreib, sondern todernster Krieg: Als Sima Yan starb, bestieg einer seiner Söhne den Thron. Die neue Kaiserin ordnete an, die Familie der Kaiserinwitwe, ihrer Schwiegermutter, sei zu ermorden. Da die Schwiegermutter hartnäckig der Forderung, Selbstmord zu begehen, widerstand, ließ die neue Kaiserin sie einfach verhungern. Danach zeigte sie die schuldige kindliche Pietät und überhäufte die Mutter ihres Gemahls mit reichen Ehren. Den in China berüchtigten Streit zwischen Schwiegermutter und -tochter gab es also auch am Kaiserhofe. Doch immer siegte die Sitte, oft freilich post mortem.

Nicht allen Kaisern erging es bei ihrem lasterhaften Leben wohl. Im Jahre 396 sagte Kaiser Xiaowu im Alkoholrausch zu seiner Lieblingskonkubine, die gerade 30 Jahre zählte, daß sie ihm zu alt sei. Als er dahindämmerte, erstickte sie ihn mit einem Kissen. Die Damen des Hofes standen also ihren Herrschern in nichts nach. Acht Jahrhunderte später bewunderte der Kaiser Guangzong der Südlichen Song die weißen Hände einer Palastdame. Am nächsten Tag sandte ihm die Kaiserin, die für ihr heftiges Temperament berühmt war, ein Kästchen, das die Hände barg.

Die Regierungszeiten weiser und gütiger Herrscher glichen solche tödlichen Frivolitäten jedoch oft aus, ebenso die nicht selten unerfindlichen Grausamkeiten.

FREER GALLERY/LAURIE PLATT WINFREY INC

Die kunstfertigen Bronzegefäße aus der Shang-Dynastie wurden oft nach Motiven aus der Tierwelt gestaltet. Bei diesem Weingefäß formte ein schöpferischer Handwerker einen Entenkopf als Griff und ein Ungeheuer zur Tülle. Jenseits, Natur und menschliches Wirken finden in dem spröden Material des Bronzegefäßes zusammen.

Viele dieser guten Herrscher sind vergessen, wurden leichter vergessen als die bösen; an andere erinnert man sich nur undeutlich. Einer von diesen, der dem Reich Frieden stiftete und dem Volk Wohlstand und der den Menschen als Lichtgestalt im Gedächtnis blieb, war der Taizong der Tang-Dynastie. Er wählte ehrenwerte und furchtlose Minister aus und schenkte, ganz ungewöhnlich, sogar deren Rat Beachtung. Andererseits schickte er dreitausend Hofdamen, die er geerbt hatte, nach Hause. Sobald er auf dem Drachenthron saß, war eine seiner ersten Handlungen, dreizehn Beamte als seine „Augen und Ohren" durch das Land zu senden. Eine ihrer Hauptaufgaben bestand darin, die Deiche und Dämme am Gelben Fluß zu inspizieren und Reparaturen zu veranlassen. Anders als viele der übrigen Herrscher wußte Taizong nämlich genau, was die Grundlage seiner Macht war. Und bei einer Fahrt über den Huanghe wies er seinen Sohn auf Parallelen hin: „Das Wasser trägt ein Boot, und es läßt ein Boot kentern. Das Volk gleicht dem Fluß, der Herrscher dem Boot." Leider widmeten wenige Herrscher der erbaulichen Erziehung ihrer Söhne und der Wohlfahrt ihres Volkes die gleiche Sorgfalt!

Links

Aller Modernisierung ungeachtet, leben viele Menschen am Huanghe ein Leben wie vor Jahrhunderten. Altertümliche Dschunken pflügen noch immer die Wasserfelder.

Eine Cloisonné-Plakette aus dem späten 18. Jahrhundert zeigt ein Drachenboot-Fest. Durch dieses Fest wollten, in heidnischen Urzeiten, die Bauern den zürnenden Flußgott besänftigen. Bald jedoch entwickelte sich daraus in den Städten und Dörfern am Fluß ein Jahrmarkt voller Lustbarkeiten.

BRUNDAGE COLLECTION/LAURIE PLATT WINFREY INC.

黄河源

源頭

Das Quellgebiet

Nachdem die Goldene Horde China grausam unterjocht hatte, entsandten ihre Führer, so weiß die mongolische Überlieferung, eine Militärexpedition in die unbekannten Bereiche am westlichen Rand der chinesischen Welt, um die Weite dieses Reiches zu ermessen. Ein Ziel dieses Aufbruchs ins Ungewisse war, die Quelle jenes Flusses zu entdecken, der das eroberte Gebiet durchströmte. Am Ursprung eines schmalen Rinnsals errichteten die Soldaten eine steinerne Säule mit der Inschrift: Hier beginnt der Fluß, welcher die chinesische Besitzung des Großen Khans bewässert.

Fünf Jahrhunderte später veranlaßten andere Eroberer, die Mandschu der Qing-Dynastie, eine ähnliche Mission. Kaiser Qianlong, einer der größten Herrscher, den die lange Geschichte Chinas kennt, erteilte kühnen Männern den Auftrag, die Quelle zu entdecken und dort dem Gott des Gelben Flusses zu huldigen. Heimgekehrt, berichteten die Abenteurer von einem riesigen, zehn Meter hohen Felsblock, dem kristallklares Wasser entspringe. Dieses sammle sich in einer Mulde auf dem Felsen, rinne dann auf die Hochebene des Grenzgebietes und riesele über das Grasland. Der Felsen, so versicherten die Entdecker dem kaiserlichen Hof, sei die Ursprungsstätte des mächtigen Stroms, der den Ebenen Chinas Leben und Wohlstand schenke.

Die stolze Inschrift der Mongolen verging ebenso spurlos wie der Kristallwasserfels der Mandschu. Die Faszination, die von dem Quellort des Huanghe ausging, aber blieb so lebendig wie in grauer Vorzeit, als die Ahnen der Han-Chinesen mit primitivsten Geräten dem ockerfarbenen Boden ihren Lebensunterhalt abrangen. In jeder der Dynastien, die im Laufe von fünftausend Jahren chinesischer Mythologie und Geschichte keimten, blühten und verwelkten, fragten sich Menschen, wie die

„Quelle des herrlichsten Flusses der Welt", so ist der tibetische Schriftzug neben den chinesischen Zeichen zu übersetzen. Der Yak-Schädel zeigt den genauen Ort an, den die Wissenschaftler als Quelle des Huanghe bestimmt haben: Hier sickern die ersten Tropfen aus der Erde.

YASUHIRO HAYASHI

Die tibetischen Stämme waren lange Zeit von moderner medizinischer Versorgung abgeschnitten. Jetzt befolgen sie die Ratschläge der berühmten chinesischen Barfußärzte. Noch vor wenigen Jahren wäre eine Brille für diesen alten Mann ein unvorstellbarer Luxus gewesen.

Welt stromaufwärts aussehen möge. Jede Dynastie entwickelte eine neue Theorie; jede, die Sui, die Tang, die Song, entsandte Forscher in die unwirtliche Öde der Hochebenen, um die Quelle aufzuspüren.

Diese Suche beschäftigte auch die modernen Herrscher. In den vergangenen drei Jahrzehnten drangen chinesische Wissenschaftler, Bewässerungsexperten und Kader, die mit der Flußkontrolle betraut waren, von den Zwillingsseen Gyaring Nor und Ngoring Nor – die einst als Ursprung des Huanghe galten – zu den Hängen des 5442 Meter hohen Berges Yagradagze vor. Hier liegt nun wirklich die Quelle des Huanghe, das haben chinesische Wissenschaftler jetzt festgestellt. An einem sanften Hang auf der Nordseite des Daches der Welt sickert der Fluß hervor; das sprudelnde, kristallklare Rinnsal erinnert in keinem Moment an die brodelnde Schlammflut, die das vertraute Bild des Gelben Flusses bietet. Jahrzehntelang haben Hydrographen das Quellgebiet des Huanghe untersucht. Diese langwierigen und gründlichen Untersuchungen führten schließlich zu dem einen unter Hunderten von Rinnsalen, die dem halbgefrorenen Boden entspringen und später den jungen Fluß bilden.

Zu diesem kleinen Bach, der neben dem Schädel eines Yaks aus dem Boden quillt und einen vereisten Hang hinabrinnt, gelangten die Dokumentarfilmer des chinesischen und japanischen Fernsehens – die vor dem Erscheinen dieses Buches eine mehrteilige Fernsehserie drehten – auf ihrer Suche nach dem Quell des Huanghe. Geführt wurden sie von Männern, die dieses Netz von Bächen und Rinnsalen wie ihre Westentasche kennen, von Mitgliedern des Quellforschungsteams der Huanghe-Kommission. Wenige Meter von dem Punkt entfernt, an dem der klare Quell zwischen spärlichen Büscheln kurzen Sumpfgrases hervorsprudelt, stellten sie eine Tafel mit tibetischer und chinesischer Inschrift auf. „Quelle des herrlichsten Flusses der Welt“ steht da auf Tibetisch und „Quelle des Gelben Flusses“ auf Chinesisch.

4575 Meter über dem Meeresspiegel trugen die Geodäten des Forschungs- und des Fernsehteams in ihre Vermessungskarten den genauen Ursprungsort des Flusses ein: 35°1′13″ nördlicher Breite und 95°59′24″ östlicher Länge. Der Geburtsort des Huanghe ist 2100 Kilometer Luftlinie vom Bohai-Meer entfernt, in das er mündet; dank seiner weiten Schleifen und Windungen erreicht er jedoch eine Länge von 5464 Kilometern.

Bewässerungsexperten und Hydrologen schätzen, daß ein Wassertropfen, der aus der Quelle am Berg Yagradagze quillt, für den Weg zur Mündung einen ganzen Monat benötigt. Am Beginn einer weiten Reise, die ihn durch Eiswüsten, Steppen, Lößschluchten und Ebenen führt, sieht er die rauhe Landschaft der Provinz Qinghai.

Dies ist die am wenigsten bekannte Provinz Chinas, ein kahles, baumloses Land von verwunschener Schönheit. Sechsmal so groß wie Japan, neunmal so groß wie Großbritannien, siebzehnmal so groß wie die Fläche des Staates New York, ist Qinghai eine der am dünnsten besiedelten Gegenden Chinas. Weniger als vier Millionen Menschen leben auf 720 000 Quadratkilometern, die meisten von ihnen im landwirtschaftlich erschlossenen östlichen Teil der Provinz, in der Hauptstadt Xining oder in anderen Städten. Hier senkt sich die Hochebene auf 2000 Meter über

HIROYUKI USAMI

Wild zerklüftet und in atemberaubender Schönheit türmen sich die Anyemaqen-Berge über den Weiden des Hochlandes auf. Diese Hochgebirgsweiden sind die Heimstatt der Hirtennomaden und ihrer Herden. Duch die Urwälder der unteren Hänge streifen Bären, Hirsche und anderes Wild.

Eine Tibeterin aus der auf dem Hochplateau von Qinghai gelegenen Kleinstadt Matau.

Rechts

In prächtiges Schaffell gekleidet, den Hut verwegen in die Stirn gezogen, die Hand an der Flinte: ein junger Tibeter auf dem Weg zum Kloster Darlag.

dem Meeresspiegel; das Wasser des Huanghe, seiner Nebenflüsse und der Bäche und Quellen dort ermöglichen Ackerbau. Qinghai, ursprünglich Wohngebiet tibetischer Nomaden, wurde im Laufe der Geschichte von vielen Völkern erobert, deren Nachkommen heute noch hier leben. Tibeter, Mongolen, Uiguren, Tu, Salaren, Kasachen und andere nationale Minderheiten machen etwa die Hälfte der Bevölkerung aus. Die andere Hälfte besteht aus Chinesen.

Auf den Hochebenen inmitten der Provinz jedoch, wo der Wind niemals ruht und wo große Ströme geboren werden, sind Menschen eine Seltenheit. Im Grunde ist dieser Landstrich unbewohnt. Die wenigen Menschen, die diesem hochgelegenen, trockenen, kalten Land ihren Lebensunterhalt abtrotzen, sind zähe, widerstandsfähige tibetische Nomaden, deren Heim ein Zelt aus Fellen bildet und deren Hab und Gut auf einem Packpferd Platz findet. Sie folgen ihren Herden aus Kühen, Yaks und Schafen über die mageren Weidegründe. Seit Jahrhunderten wissen sie, daß das Land nicht so unfruchtbar ist, wie es dem Betrachter zunächst erscheint. Seltene Wildkräuter sind hier zu finden, wilde Blumen und Wurzeln, die sich mit einigem Gewinn an wandernde Pflanzensammler verkaufen lassen.

Es ist die Frage, wie lange diese Hochlandsteppe den Nomaden noch überlassen bleibt. Hydrologen erforschen den Fluß, Geologen und Mineralogen durchstreifen die Ebenen und Gebirgszüge, um Gesteins- und Bodenproben zu entnehmen. Ihre Funde sind beeindruckend – und machen diejenigen besorgt, die das entlegene Qinghai als letztes Reservat einer intakten Natur bewahren wollen. Große Vorkommen von Blei, Zink, Kupfer und Chrom wurden entdeckt, ebenso Kalium, Nickel, Eisen, Kohle und Gips, Bor, Asbest und Mirabilit. Unter dem unwirtlichen Boden dehnen sich Erdölfelder aus. Kein Wunder, daß die chinesischen Ökonomen diese Berge eine „Schatzkammer" nennen. Die Industrialisierung hat bereits begonnen.

Am Oberlauf des Gelben Flusses ist noch wenig von der Entwicklung der Provinz zu spüren. Dort ist das Land öde, trostlos, menschenleer. Bald gesellen sich dem schmalen Rinnsal, das seinen Weg zwischen kümmerlichen Grasbüscheln sucht, andere zu. Nicht mehr als dreißig Zentimeter breit, schlängelt es sich über das Plateau, verbindet sich mit anderen winzigen Bächen, nimmt immer neue Wasser in sich auf: Ein Fluß entsteht. Bald droht dieser auf einer flachen Ebene seinen Schwung zu verlieren: Der junge Wasserlauf sickert in ein Labyrinth von Sümpfen. Hier ist der feste Grund trügerisch; die wenigen, die sich in das einsame Hochland wagen, achten sorgsam ihrer Schritte.

Klar und in der Hochlandsonne glitzernd, verläßt der Fluß das Sumpfgebiet. Die von ihm gebildeten Zwillingsseen Ngoring Nor und Gyaring Nor breiten sich in einsamer Schönheit aus, eingerahmt von den schneebedeckten Gipfeln des Bayan-Kara-Gebirges. Unterschiedliche Beweggründe treiben die Menschen hierher: Die Chinesen kommen zum Fischfang; sie sind aus auf den schuppenlosen Huangyu, den Gelbfisch, der den Fluß bevölkert. Die Tibeter, die diesen Fisch als heilig verehren, kommen, um zu beten. Flußabwärts findet sich das erste Zeichen menschlicher Seßhaftigkeit: Mato. In diesem kleinen Weiler lebt eine Handvoll Tibeter mit ihren Schafherden.

HIROYUKI USAMI

In ihrer Küche, einem Winkel des zugigen Zeltes, bereitet eine tibetische Nomadin auf dem Boden hockend das Mahl. Tsamba, ein Gericht aus Gerstenmehl und Yak-Butter, bildet das Hauptnahrungsmittel der Tibeter.

Vorhergehende Seiten

In den kurzen Sommern steht das tibetische Hochland in voller Blüte. Die Berge spiegeln sich im ruhigen Wasser des Sees wider, der von den Hirtennomaden als Wohnsitz der Sterne bezeichnet wird.
HIROYUKI USAMI

Menschen sind hier selten, also gedeiht die Natur. Seen, die vom anwachsenden Huanghe durchflossen werden, bilden ein Paradies für die Tiere. Es wimmelt nur so von Hasen, Kaninchen und Murmeltieren. Die seltenen Weißmaul-Hirsche, die trotz ihrer zierlichen Gestalt zäh und widerstandsfähig sind, kommen nur in diesem Winkel der Hochebene vor – ebenso die eleganten Schwarzhals-Kraniche. Andere gefiederte Gäste legen einen weiten Weg zurück, um an den stillen Gewässern zu brüten. Die große Indische Gans fliegt jedes Jahr über den Himalaya, um hier ihr Gelege zu bebrüten und die Jungen aufzuziehen. Legenden erwachen, sobald diese Vögel eintreffen. Buddhisten glauben, daß die Tang-Prinzessin Wencheng, die nach Tibet gesandt wurde, um den wilden Nomaden den Glauben zu bringen und ihren König zu ehelichen, Gänsen Botschaften auf den Rücken band. Sie trugen die Briefe nach Xi'an, in die Heimat. Noch immer herrschen die Götter in den sanften Hügeln, die vielfach von Stupas gekrönt sind. Hier beten tibetische Pilger um göttlichen Schutz, bevor sie ihre Reise über die Schneewüsten zur heiligen Stadt Lhasa antreten. Die Obos, kultische Steinhaufen, in denen Gebetsfahnen stecken, weisen den Weg. Während ihrer langen Pilgerfahrt umrunden die Gläubigen dreimal die Stupas, an denen sie vorüberkommen, und beten ihren Rosenkranz, der 108 Gebetsperlen enthält, eine mystische Zahl.

Der Fluß strömt weiter über die Ebenen, weicht sanften Hügeln aus. Das Flußbett befindet sich zwar 3000 Meter über dem Meeresspiegel, doch wer den Erdboden ein wenig aufkratzt, findet Muscheln. Einst war die Hochebene nämlich Meeresgrund. Als der Himalaya in Urzeiten aufgefaltet wurde, zog er das Land mit sich, welches heute Tibetische oder Qinghai-Hochebene genannt wird. Mehr als fünftausend Kilometer von seiner Quelle entfernt trifft der Huanghe zum ersten Mal auf eine große Stadt. In den meisten Teilen Chinas würde diese Siedlung, bevölkert von tausend Nomaden des tibetischen Koro-Stammes, vollkommen unbedeutend wirken. In dieser menschenleeren Gegend aber gilt das Städtchen Matau als Metropole. Auf den Landkarten ist sie ebenso deutlich verzeichnet, wie sie wirklich aus der Landschaft herausragt.

Der Huanghe, der bereits an die tausend Zuflüsse aufgenommen hat, gewinnt an Kraft und Geschwindigkeit. Er überwindet ein Gefälle von tausend Metern, während er an den schneebedeckten Anyemaqen-Bergen vorüberzieht, die in der Tang-Zeit – wie so viele andere Orte – als Taufbecken des Flusses verehrt wurden. In den Nächten heulen Wölfe den Mond an, und durch die bewaldeten, windgeschützten Hänge streifen Bären und anderes Wild. Auf der Suche nach den Ebenen windet sich der breiter werdende Fluß ostwärts und südwärts gen Sichuan, bis ihm der Weg von den Bergen versperrt wird. Dort macht er kehrt und strebt nach Nordwesten.

Das ist die erste von den neun großen Änderungen seines Laufs, zu denen der Fluß auf seiner mühseligen Reise durch Nordchina gezwungen wird. Der Teil von Sichuan, den der Huanghe kurz streift, ist ein Ort des Todes, ganz anders als das Rote Becken, das Kernstück dieser bevölkerungsreichsten Provinz Chinas. Mit diesem Randgebiet von Sichuan verbinden sich grauenerregende Legenden aus neuerer Zeit: Durch dieses alptraumhafte Sumpfgebiet aus brüchigem Eis, Torfmooren und

HIROYUKI USAMI

In der Nähe des Sees Gyaring Nor auf dem tibetischen Hochland tanzen Kinder während eines der seltenen Nomadenfeste einen traditionellen Reigen.

Treibsand führte Mao Zedong die Hauptstreitmacht der Roten Armee während ihres zehntausend Kilometer Langen Marsches. Auf die 3500 Meter über dem Meeresspiegel gelegenen Ebenen von Songpan fällt mehr Niederschlag als auf irgendeinen anderen Abschnitt des Flußlaufes. Der Regen läuft nicht ab und steht zentimeterhoch auf dem schlammigen Boden. Zu Tausenden starben die Soldaten der Revolutions-Armee auf ihrem Weg durch die Sümpfe an Kälte, Hunger und Erschöpfung, gequält von Moskitoschwärmen und lediglich ernährt durch Gras als letzter Überlebensmöglichkeit. Männer und Pferde versanken für immer im Morast. Heute noch schaudert es die wenigen Überlebenden des legendären Langen Marsches beim Gedanken an die entsetzlichen Marschlande, die schrecklicher waren als die ständigen Kämpfe mit nachrückenden Guomindang-Truppen, als das Erklimmen schneebedeckter Berge und das Durchschwimmen reißender Flüsse. Das Grauen der Sümpfe grub sich tief in das Gedächtnis einer ganzen Generation von Chinesen ein.

Die Wasser dieses feuchten, tückischen Sumpflandes sickern nordwärts in die Ströme, die schließlich in den Huanghe münden. Der fließt auf einer Länge von 150 Kilometern an der Grenze von Sichuan entlang, macht dann kehrt und wendet sich erneut dem Nordwesten von Qinghai zu, bevor er in einer weiten Schleife über die Steppen nach Osten zieht.

Links

In der Nähe der Stadt Maqu in der Provinz Gansu durchmessen tibetische Nomaden auf dem Pferderücken ihr kahles und irritierend schönes Reich.

WILLIAM NG

Der Morgen dämmert über den Stadtmauern von Xi'an, Provinz Shaanxi.

众多民族，众多信仰

Andere Völker, andere Sitten

Auf den Hochebenen der Provinz Qinghai ertönt die tiefe Klage des Ragdune. Der dröhnende Klang dieses dreieinhalb Meter langen Hornes wird von den Hügeln zurückgeworfen, steigt auf zum wolkenlosen Himmel, erregt dort die Neugier der unermüdlichen Wächter der Luft – der Geier. Der erste Vogel schwenkt ein und stürzt von seinem Warteposten am Firmament nieder zu den Gaben auf der Erde. Ein zweiter Vogel, Kilometer entfernt, sieht die abwärts weisende Spirale und schwingt sich ihm nach. Bald ist der Himmel voll von Geiern, die an dem Fest teilhaben wollen. Diese plumpen, häßlichen Kreaturen erscheinen wie Überbleibsel aus prähistorischer Zeit. Die frommen Mönche aber, die sie gerufen haben, verehren sie als Boten Gottes, ausgesandt, die Seelen der Verstorbenen in den Himmel zu tragen. Noch immer bringen die Tibeter ihre Toten nach dem uralten Ritus der Hochebene auf den Weg in die jenseitige Welt. Nachdem die Verwandten Abschied genommen haben, wird der Leichnam unter freiem Himmel ausgesetzt und von den Vögeln gefressen. In den größeren Klöstern findet diese Zeremonie täglich statt.

Die am Himmel patrouillierenden Geier wissen die Zeichen sehr wohl zu deuten. Sobald die Mönche den Leichnam aus dem Tempel tragen, sammeln sie sich und ziehen erwartungsvoll ihre Kreise. Dumpf wehklagt das Ragdune, und der Klang des Gandan, der aus einem menschlichen Schenkelknochen gefertigten Flöte, erhebt sich schrill über die Stimmen der versammelten Mönche, die im Chor Sutren rezitieren. Gierig landen die Geier und erfüllen die ihnen zugewiesene Aufgabe. Wenn sie sich, vollgefressen und unbeholfen, in die Lüfte erheben, tragen sie, so glauben die Mönche, die Seele des Verstorbenen zu Gott. Ob Mörder oder Heiliger,

Unter den Dachvorsprüngen des Klosters Taer bereitet sich ein Mönch in traditioneller Tracht auf die Pilgerfahrt zu den nahe gelegenen Hügeln vor. Dort wird das seidene Bildnis des Buddha feierlich enthüllt.

SEIGO OTSUKA

Die Mönche des Klosters Taer glauben, daß dieser Fußabdruck im rauhen Holzboden des Tempels von einem außergewöhnlich frommen Mönch herrühre, der sich zum Gebet neigte. Der Abdruck gilt als eines der Wunder des tibetischen Lamaismus.

Rechts

Das Paradies des Buddha Amitabha, eine im 8. Jahrhundert geschaffene Bildrolle aus Dunhuang, zeigt den Buddha und seine Jünger unter einem Bodhi-Baum. Körperlich und geistig sind sie der Menschenwelt entrückt.

Vorhergehende Seiten

Durch Hörner, Glocken, Gongs und das Rezitieren von Sutren rufen die Mönche des Klosters Charang bei Darlag die Boten Gottes herbei. Die traditionellen Totenfeiern folgen noch immer dem uralten Ritus der Hochebene. Nachdem der Leichnam im Freien ausgesetzt wurde, setzen sich die Mönche und versenken sich ins Gebet. Das Echo ihrer Hörner hallt durch das Tal. Gleich erscheinen die Geier und verzehren das Fleisch des Toten. Die Buddhisten glauben, daß die Vögel die Seelen der Verstorbenen zum Himmel tragen.

HIROYUKI USAMI

Pferdedieb oder frommer Pilger – die Toten sind alle gleich. Alle werden von den Geiern ins Paradies geleitet.

Obwohl im Jahre 1954, fünf Jahre nach dem Sieg der Kommunisten, in China religiöse Glaubensfreiheit in der Verfassung garantiert wurde, war die Regierung nicht bereit, die Religionsausübung zu tolerieren. Ihren Höhepunkt erreichten die Verfolgungen der Gläubigen aller Konfessionen in der Kulturrevolution durch die Roten Garden. Trotz alledem blieb der Buddhismus im Volk lebendig. Für die Tibeter gar, am Oberlauf des Huanghe, ist er nicht einfach ein Glaube, sondern Teil ihres Lebens. Die Anti-Religions-Kampagnen der sechziger Jahre reihen sich nahtlos in die Kette vergangener Verfolgungen ein. Um nur ein Beispiel zu nennen: Im Jahre 574 n. Chr. setzte Kaiser Wu der Nördlichen Zhou-Dynastie die Rangfolge der Religionen fest – Konfuzianismus, Taoismus, Buddhismus – und verbot die beiden letztgenannten. Er ließ ihre Tempel und Klöster zerstören, ihre Schriften verbrennen und zwang die Nonnen und Mönche, ins weltliche Leben zurückzukehren. Während des Boxer-Aufstands, 1900, wurden stromauf, stromab zum Christentum bekehrte Chinesen und ausländische Missionare hingemetzelt – mit kaum versteckter Billigung der Kaiserinwitwe Cixi.

Die Tibeter sind zwar seit mehr als tausend Jahren überzeugte und fromme Jünger des Buddhismus; die allerorten anzutreffenden äußerlichen Zeichen ihres Glaubens künden davon. Gleichzeitig hängen sie aber viel älteren Lehren an, die von ihren Schamanen überliefert wurden. In vielen Teilen des Hochlandes verehren sie die Naturgeister, fürchten Dämonen und glauben, daß in jedem Grashalm der Steppe ein Gott wohne. Und doch sehen viele Religionswissenschaftler in ihrer Ausprägung des Buddhismus die engste Verwandtschaft mit der indischen Urform der Lehre. Noch immer beten die Tibeter um die Rückkehr ihres Gottkönigs, des Dalai Lama. 1959, neun Jahre nach der Besetzung Tibets durch die Chinesen, ging er über den Himalaya nach Indien ins Exil. Sein Volk ersehnt seine Wiederkehr.

Spuren des Buddhismus finden sich überall in Qinghai, Sichuan und Gansu längs des Flußlaufes. Dieser Landstrich war einst Teil des längst versunkenen tibetischen Königreichs Amdo. Die Nachkommen seiner Untertanen errichteten auf den Hügeln des einsamen Weidelandes Obos, überall flattern Gebetsfahnen. Im Knattern dieser weißen Fahnen, deren Inschriften von den niemals schlafenden Winden zum Leben erweckt werden, vernehmen die Tibeter die Stimme Gottes.

Der Alltag der Tibeter wie auch der ihrer mongolischen Nachbarn am Oberlauf des Flusses ist von Glauben und Aberglauben beherrscht. Neben den strengen Regeln und Geboten der lamaistischen Form des Buddhismus erbten die Mongolen von ihren ruhelosen Vorfahren noch andere Bräuche: Der Gast hütet sich, in einer Jurte zu pfeifen, und es gehört zum guten Ton, die Reitpeitsche vor der Tür zu lassen.

Das Pferd gilt den Völkern der Hochebenen mehr als nur ein Nutztier; es ist, gleich der Religion, Bestandteil ihres Lebens. Die Mongolenhorden des Dschingis Khan und seiner Nachfolger nannte man die Reiter des Teufels, und das aus gutem Grund. Ihre zähen, stämmigen Pferde trugen sie von den hochgelegenen Steppen über einen ganzen und einen halben Kontinent bis vor die Tore Wiens. Heute noch

YASUHIRO HAYASHI

Von der Mauer des Klosters Charang bei Darlag segnen Buddha und seine Jünger die Passanten.

wird die Reitkunst in beiden Völkern hoch bewertet, gilt als Zeichen der Mannhaftigkeit. In den kurzen Sommern des Hochlands messen die Männer immer wieder die Schnelligkeit ihrer Pferde. Gestärkt durch Gerstenbier und in den Steigbügeln stehend, rufen sie an der Startlinie den Göttern zu, daß das Rennen beginnt, bevor sie ihre Rosse zum Galopp über die Ebene antreiben. Hunderte von Papierstreifen mit der Bitte um den Sieg flattern durch die Luft. Bier, Jubel und der von Papierfetzen übersäte Boden verleihen solchen Rennen bunten Glanz. Früher gab es einen ernsthaften Anlaß für die Reiterwettkämpfe: Knaben bewiesen ihre Mannbarkeit, und die Männer demonstrierten, daß sie für den Krieg gerüstet waren.

Dies ist das Land der Tibeter, einsam und kahl wie seit Jahrhunderten. Ihre Vorfahren galoppierten kriegerisch über die Hochebenen des heutigen Qinghai, bevor die Prinzessin Wencheng aus dem regierenden Hause der Tang mit ihrem Gefolge aus Mägden und Dienern Einzug hielt, um sich mit dem tibetischen König Songtsengampo zu vermählen. Vor Monaten waren sie und ihre Begleiter im fernen Xi'an, wo ihr Vater, der chinesische Kaiser, hofhielt, aufgebrochen und flußaufwärts gereist. Der König hieß seine Braut an den Ufern der Zwillingsseen Gyaring Nor und Ngoring Nor willkommen. Beide glaubten, daß hier, wo die klaren Bergwasser aus dem See treten und ihre Reise hinab zu den Ebenen beginnen, der Ursprungsort des Gelben Flusses sei. Prinzessin Wencheng führte mehr als ihren Brautschatz mit sich. Sie brachte auch die buddhistische Religion zu den Tibetern, einer Nation von kühnen Streitern hoch zu Roß, grimmig wie später die Mongolen, wenn auch ohne die rücksichtslose Brutalität, mit der die Khans vier Jahrhunderte danach China eroberten und hinmetzelten. Heute sind die Tibeter ein liebenswürdiges Volk, das auf den vereisten Weideflächen ein friedliches Leben führt. Hat die Botschaft des Buddhismus, die von der Prinzessin Wencheng überbracht wurde, die wilden Reiter des Hochlandes erleuchtet und befriedet? Manche Gelehrte sind dieser Ansicht.

Mit der Religion kam die Medizin in das hochgelegene Land. Die heilkundigen Mönche nahmen sich seit alters der Leiden des Körpers wie der Seele an. Heutzutage suchen zudem Scharen von chinesischen Barfußärzten regelmäßig die abgeschiedenen Gemeinschaften der Wanderhirten auf den einsamen Steppen von Qinghai auf. Diese Pioniere der modernen Medizin vermitteln in den entlegensten Winkeln des Landes Grundkenntnisse der Hygiene und führen einfache Behandlungen durch. Eine Reihe von ihnen ist auch in der einzigartigen Form der traditionellen tibetischen Heilkunst geschult, die vornehmlich auf dem Prinzip der Stärkung der körpereigenen Heilkräfte beruht. Früher vertrauten die Tibeter auf Kräuter und Magie, um sich von Beschwerden jedweder Art zu befreien. Die von den traditionell orientierten Ärzten heute angewandten Arzneien und Behandlungsweisen folgen noch großenteils überlieferten Rezepten. Exotisch wie die Kräuter selbst sind ihre Bezeichnungen: „Winterwurm, Sommerkraut" heißt der unter der Erde auf Wurmlarven wachsende Pilz, der als wirksames Heilmittel geschätzt wird, ebenso wie Arzneitränke aus Kaninchenherz, der Gallenblase von Kühen, ausgewählten Wurzeln, Mineralien und Hirschhorn. Auch Muscheln und Fossilien, die in 4000 Metern Höhe über dem Meeresspiegel im Boden gefunden werden, werden in pulverisierter Form als Medi-

YASUHIRO HAYASHI

Frei und schnell wie der Wind – mit wehenden Bannern jagen tibetische Hirten auf ihren stämmigen Pferden über die Ebenen von Sichuan.

Ein alter Tibeter holt sich kundigen Rat bei einem buddhistischen Mönch. Dieser ist in der traditionellen Heilkunst Tibets bewandert.

Die von den gefürchteten Reitern des Khans abstammenden Mongolen sind heute ein friedliches Volk. Viele haben ihr Leben Buddha geweiht, wie dieser betagte Mönch.

kamente gegen zahlreiche Leiden verabreicht. Manche Methoden der traditionellen Heilkunde verdanken die Tibeter den buddhistischen Mönchen aus Indien; die meisten basieren jedoch auf dem Prinzip von Yin und Yang der chinesischen Kräuterheilkunde. Glimmende Holz- oder Kohlestückchen setzen tibetische Ärzte als eine Sonderform der Akupunktur ein, um von ihnen diagnostizierte innere Krankheiten zu heilen. Sie verstehen es auch, mit sechs Fingern an verschiedenen Körperpunkten des Patienten gleichzeitig den Puls zu messen.

Dort, wo der Fluß die Hochebenen verläßt, leben ethnische Volksgruppen, die einander in der Vergangenheit häufig erbittert bekämpften und befehdeten, einträchtig beieinander: Tibeter, Turkmenen, Han-Chinesen, Mongolen, Mandschuren und Hui gehen immer häufiger Mischehen ein. Alle Religionen – Buddhismus, Islam, Konfuzianismus, Taoismus und Christentum – haben hier ihre Anhänger. In Kaifeng in der Provinz Henan lebt eine Handvoll Juden, Nachfahren einer der ungewöhnlichsten Gemeinschaften, die je über die Seidenstraße zogen, um sich am Gelben Fluß niederzulassen. Einst bildeten sie eine stolze und blühende Gemeinde von Händlern und Handwerkern, die in der Yuan-Zeit einige hundert Menschen zählte. Seither verlor sie an Bedeutung, ist heute nur mehr eine Touristenattraktion.

Nach taoistischem Glauben wurde China aus dem Huanghe geboren. In mythischer Zeit strömte er aus den Adern des ersten Menschen, Pan Gu. Dessen Haupt

TSUGUSATO OMURA

Einst beherrschten die Lanzen der Krieger und die Banner der mongolischen Reiterheere den Horizont. Heute tragen die Dächer von Baotou das weltweit verbreitete Symbol des 20. Jahrhunderts – die Fernsehantenne.

SEIGO OTSUKA

Der Abakus ist noch heute ein unverzichtbares Requisit der chinesischen Krämer. In deren Händen ist er so verläßlich wie ein elektronischer Rechner. Dieser Pförtner registriert die Besucherzahlen in einem taoistischen Tempel.

Rechts

Ein angehender Musiker aus Ledu übt in der Einsamkeit am Ufer des Huanghe auf seiner Mundharmonika.

wurde zum Berg, ein Auge die Sonne, das andere der Mond. Taoistische Priester kennen die genaue Jahreszahl: 961 962 210 v. Chr. Bevor die Menschen das Land zerstörten, lehren die Taoisten, überzogen üppige Wälder die Landschaften am Lauf des Flusses, vom Kunlun-Gebirge bis hin zum Gelben Meer. Das war das Königreich der Blumen. Zahme Vierfüßler und zutrauliche Vögel nährten sich von Beeren und Nüssen, die im Überfluß wuchsen. Den Boden bedeckte ein Teppich von Wildblumen, und die Wasser des Huanghe strömten rein und klar dahin. Unbeschwert und glücklich verlief das Leben des Volkes am Fluß, bis der kulturelle Fortschritt diesen paradiesischen Zustand beendete. Die Menschen fällten die Bäume, rodeten mit Fackeln die Wälder – das ganze Königreich der Blumen zerfiel zu Asche. Die machte den Boden fruchtbar, die ersten Bauern erfreuten sich reicher Ernten. Dann aber kam der Regen, wusch die Ackerkrume fort und verdreckte und verschlammte den Fluß, der seither immer wieder über seine Ufer tritt. Der taoistische Mythos vom Königreich der Blumen und vom Verlust der Gnade und Genügsamkeit erinnert an die biblische Geschichte von Adam und Eva im Garten Eden.

Der Fluß hält Gemeinwesen zusammen und trennt sie von anderen. Auf Hunderten von Kilometern gibt es weit und breit keine Brücke, kaum Fähren. Häufig muß der Reisende auf eigene Faust den Übergang wagen – oder auf seiner Seite des Stroms bleiben. Jahrhundertelange Übung hat die Technik der Reiter am Oberlauf des Flusses vervollkommnet: Sie steigen vom Pferd, legen ihre Kleidung ab und stecken sie in einen wasserdichten Beutel, den sie mit einer Hand umklammern. Mit der anderen fassen sie den Schweif des Pferdes und treiben es ins Wasser. Die Strömung trägt die beiden Schwimmer ein gutes Stück flußabwärts, an das andere Ufer. Dort zieht sich der Reiter an, schwingt sich in den Sattel und setzt seinen Weg fort. Wenn Tibeter auf diese Weise den Fluß durchqueren, stoßen sie einen durchdringenden Schrei aus, der von den Klippen widerhallt. Damit wollen sie das Ungeheuer Tsaru abschrecken, ein furchterregendes Fabelwesen, das im Oberlauf des Huanghe haust und Störenfriede mit seinem stachelbewehrten Leib erschlägt.

Für die weniger Wagemutigen, die Tsaru nicht reizen wollen, und für diejenigen, die kein Pferd zur Hand haben, gibt es andere Wege, den Fluß zu überwinden – trockenen Fußes. Die meisten wählen das Yangpi-Floß, ein zerbrechlich wirkendes Fahrzeug aus aufgeblasenen Schafhäuten, die einen hölzernen Rahmen tragen. In Qinghai und Gansu bleibt den Reisenden auf Hunderten von Kilometern keine andere als diese nicht ungefährliche Fährverbindung. Der Huanghe erreicht in Qinghai bereits eine Breite von zweihundert Metern, seine Strömung ist beträchtlich. Und von Matau an gibt es dreihundert Kilometer weit keine Brücke, nur die Yangpi-Fähren! Mit großer Kunstfertigkeit werden Schaffelle mit dem Vlies nach innen zusammengenäht und versiegelt, eingefettet, gegerbt und schließlich mit dem Mund aufgeblasen. Ein hölzerner Rahmen wird daraufgebunden – schon ist das Floß wassertüchtig. Die Passagiere rücken zusammen; ihre Yaks, Kühe und Pferde schwimmen nebenher, am Zügel oder an Tauen gehalten. Nur ein paar Fen kostet die Überfahrt auf solch einer Behelfsfähre. Obwohl sie gefährlich erscheint – besonders wenn der Fluß Hochwasser führt –, hört man sehr selten von Unfällen.

SEIGO OTSUKA

Die Tempeltore zeigen das zornige Antlitz eines Wächters des Pfades der Wahrheit. Innen erhebt sich die Statue des buddhistischen Reformators Tsongkhapa (1357–1419), der eine neue Schule, die Gelugpa („Gelbe" Sekte), gründete. Der gelben Kopfbedeckung wegen werden ihre Anhänger „Gelbmützen" genannt. Ihr Oberhaupt ist der Dalai Lama.

An den Ufern des Huanghe haben sich im Laufe der Jahrhunderte Mythen, Legenden, Volkserzählungen und Religion mit vielerlei historischen Überlieferungen verwoben. Auf der Höhe des Heihe, eines Nebenflusses in der Trockenzone von Nordgansu, kreuzt der Fluß den westlichen Abschnitt der Großen Mauer und die Seidenstraße. Hier im Kreis Jiuquan, „Weinquelle", befindet sich der Hexi-Korridor, der einst ein bedeutender Paß nach China war. Die Han-Dynastie stationierte dort Truppen, welche die stets drohenden Überfälle der Steppenvölker im Norden abwehren sollten.

Im Jahre 121 v. Chr. nutzte der General Huo Qubing die natürliche Enge des Passes, indem er seine Soldaten mit taktischem Geschick postierte und eine feindliche Armee, die zum Plündern gekommen war, in die entstandene Falle lockte. Am Ende der erbitterten Schlacht flohen die Eindringlinge, vernichtend geschlagen. Als Kaiser Wu im fernen Xi'an die Siegesnachricht erhielt, sandte er seinen erfolgreichen Kriegern hocherfreut einen Kurier mit zehn Flaschen Wein aus den kaiserlichen Kellern. General Huo sah, so ist in den Überlieferungen zu lesen, daß der Wein nicht für alle seine Mitstreiter reichte. Er goß ihn in eine nahe gelegene Quelle, statt ihn nur mit den Offizieren zu trinken. Die Götter, bewegt von dieser ungewöhnlichen Geste, verwandelten das Wasser der Quelle in Wein – genug für ein Gelage der ganzen Truppe. Obwohl aus dem felsigen Boden von Jiuquan heute nur noch Wasser quillt, erinnert der Name des Kreises noch immer an den fürsorglichen General.

Und einen späten Nutzen hat dieses Ereignis auch für einen Zweig der dortigen Industrie, der aus den Jadeblöcken der Qilian-Berge Weinschalen fertigt. Die hauchzarten Gefäße aus grüner, gelber oder weißer Jade lassen das Licht durchscheinen; mit Wein gefüllt, heißt es, glühten sie im Mondlicht. Aus einem Jadebecher von Jiuquan zu trinken, erklärte der Tang-Dichter Wang Han, sei das größte Vergnügen eines Zechers: „Köstlicher Wein im leuchtenden Becher".

Alle kulinarischen Traditionen werden von Klima und Geographie des Landes geprägt, dem sie erwachsen, so auch die an den Ufern des Huanghe. Die Speisen der Nomaden im Hochland unterscheiden sich deutlich von den Gerichten der Bauern in der Tiefebene. Die geradezu sprichwörtliche Armut der Provinz Gansu wird heute gemildert durch Industrialisierung und Verbesserung der Anbaumethoden, den Einsatz moderner Transportmittel und die Besiedlung des Qinghai-Plateaus durch die Han-Chinesen. Obwohl sich also die Zeiten wandeln, hat sich an den Eßgewohnheiten im Hochland wenig geändert.

Eine chinesische Binsenweisheit lautet: Im Süden ißt man Reis, im Norden Getreide. Das trifft im großen und ganzen zu. Getreide ist tatsächlich das Hauptnahrungsmittel der Hoch- und Tiefebenen des Nordens. Die Höhenunterschiede zwischen den drei geologischen Stufen dieser Landschaft aber haben die Entwicklung der regionalen Eßkulturen entscheidend mitbestimmt. Das Qinghai-Plateau und das Hochland des Gansu-Korridors bilden die erste Stufe. Viel tiefer liegt die zweite, das Lößbergland am Mittellauf des Huanghe. Die dritte schließlich senkt sich ab zu der weiten Nordchinesischen Tiefebene, die vom Huanghe, seinen Nebenflüssen und

TSUGUSATO OMURA

Ein Zug rattert über die Pfeilerbrücke, die bei Lanzhou den Fluß überspannt. Lanzhou war einst Chinas westlichstes Handelszentrum an der Seidenstraße. Heute hat es sich zu einer Industriestadt mit zwei Millionen Einwohnern entwickelt.

Seiten 71–73

Viermal im Jahr steigen die Mönche der „Gelbmützen"-Sekte auf die Hänge nahe ihrem berühmten Kloster. Dort bezeugen sie ihren Glauben und enthüllen ein riesiges Bild des Buddha, das vor 250 Jahren auf Seide gestickt wurde. Die Pilgerfahrt zu den Hügeln findet zu Neujahr, im Frühling, Sommer und Herbst statt. Es ist eine farbenprächtige Zeremonie; die Hügel hallen wider von den Klängen der Hörner und den Rezitationen der Sutras.

SEIGO OTSUKA

Zerbrechlich anmutende Boote auf einem ruhigen Flußabschnitt im oberen Lauf des Huanghe.

anderen, weniger bedeutenden Strömen bewässert wird. Je weiter der Reisende flußabwärts gelangt, desto verfeinerter präsentiert sich ihm die Kochkultur. Von den einfachen, herzhaften Speisen, die in den Nomadenzelten zubereitet werden, erhebt sich kulinarische Kunst bis zu den Gipfeln der klassischen nordchinesischen Küche in der Tiefebene. Die Bewohner der Hochebenen verfügen nur über das Fleisch ihrer Herden und widerstandsfähige Getreidesorten wie Hirse oder Gerste. Wilde Kräuter und einige wenige Gemüsearten, die dem rauhen Klima gewachsen sind, bedeuten in den kurzen Sommern eine willkommene Bereicherung des Speisezettels. Hammelfleisch und Gerste – Lebensweise und Küche erinnern an schottische Katenbauern.

Nahrungsgrundlage ist Tsamba, das nährstoffreiche Gericht der Nomaden. Fertig zubereitet, ähneln die gemahlenen und gerösteten Gerstenkörner dem feinen Sägemehl heller Kiefern. Die anschaulichste Beschreibung dieses Hauptgerichts in Qinghai, der Mongolei und großen Teilen Nordwestchinas gibt wohl der bekannte Reisende, Schriftsteller und Entdecker Peter Fleming, der in den dreißiger Jahren zu Pferde von Lanzhou ins heutige Pakistan zog. Dank Tsamba überlebte er die Strapazen der siebenmonatigen Reise. Und er gelobte, diesem Gericht eines Tages eine Ode zu widmen:

YASUHIRO HAYASHI

Mit gewinnendem Lächeln lädt ein Krämer in der Stadt Linxia, Provinz Gansu, ein, seine Waren zu prüfen.

Du stippst es in den Tee und ißt es mit Butter, sofern du welche hast, oder mit Hammelfett, wenn du keine Butter hast, oder ohne etwas, wenn du gar nichts hast. Du füllst deine flache Holzschale mit Tee und läßt die Butter darin schmelzen (gewöhnlich ist sie ranzig und von gutem, an Käse erinnerndem Geschmack); dann gibst du eine Handvoll Tsamba hinein. Zunächst schwimmt der Haufen obenauf, dann zernagt die Flüssigkeit seine Grundfesten wie die Sandburg eines Kindes. Du tippst mit dem Finger auf den Mehlberg, bis er sich weitgehend vollgesogen hat und teigig wird. Dann knetest du die Masse, bis du einen feuchten Kuchen in der Hand hältst und die Holzschale leer und sauber ist. Fertig ist das Frühstück!

Dieses einfache Mahl bildet die tägliche Nahrung für viele Hochlandbewohner. Es ist billig, gut verdaulich, einfach zuzubereiten und mitzunehmen (ein entscheidender Gesichtspunkt für die Nomaden, die ihr Zelt Nacht um Nacht an einem anderen Ort aufschlagen), es ist sättigend und nahrhaft. Der Geschmack läßt sich vielfältig abwandeln: Honig wird hineingerührt oder Pfeffer, Paprikaschoten – was immer zur Hand ist. „Ich möchte nicht behaupten, daß man Tsamba niemals leid wird", schrieb Fleming, „aber alles andere wird man viel rascher leid."

Nicht nur die Koch-, auch die Wohnkultur ändert sich flußabwärts. Das Heim der Nomaden in Qinghai ist ein Zelt aus Fellen. In Zelten wohnen auch die mongolischen Hirten in ihrem Stammland. Romantisch – aber nicht sonderlich bequem. Die rührigen Arbeiter in den großen Industriezentren am Huanghe, von Lanzhou bis hinab nach Jinan, leben dagegen in riesigen Wohnsilos, die nicht sehr anziehend wirken, aber einen großen Fortschritt darstellen. Auf dem Land ist der Wandel in den Wohnverhältnissen am deutlichsten zu erkennen. Seit die Wirtschaftsreform den Bauern erlaubt, auf eigene Rechnung zu arbeiten, vollzieht sich in den Dörfern Chinas eine stille, doch umwälzende Revolution. Sie begann 1978, als die verhaßten Volkskommunen durch das System der „Eigenverantwortlichkeit" abgelöst wurden: Wer mehr arbeitet, verdient auch mehr. Seither gibt es die sogenannten „Zehntausend-Yuan-Familien", meist Bauern, die diesen – für chinesische Verhältnisse unglaublichen – Betrag im Jahr erwirtschaften. Eine große Summe verwenden die Bauern für den Wohnungsbau. Alte Lehmhütten werden abgerissen, verfallen oder werden als Ställe genutzt, während nebenan solide Ziegelhäuser entstehen. In manchen Gegenden Chinas hat mehr als die Hälfte der Bewohner in den letzten zehn Jahren auf eigene Rechnung Neubauten errichtet.

Wenn der Gelbe Fluß die Grenze nach Gansu überschreitet, führt er bereits genügend safrangelben Schlamm mit sich, um seinem Namen alle Ehre zu machen. Bevor er aber Qinghai verläßt, erlebt er eine der dramatischsten Stationen seines Laufs: den atemberaubenden Sturz durch die Schlucht von Longyang. Hochragende Felsen zwingen den tobenden Fluß hier in ein schmales, kaum zehn Meter breites Bett. Der Volksmund erzählt, daß hier einmal ein Fuchs durch einen kühnen Satz von einem Klippenrand zum gegenüberliegenden Vorsprung gelangte. Tief unten schießt der Fluß durch die Enge, als würde er von Turbinen angetrieben. Dabei erreicht er eine Geschwindigkeit von sieben Metern pro Sekunde. Die wenigen

YASUHIRO HAYASHI

In dem Autonomen Gebiet Ningxia feiern Moslems ein Fest. Ihre Vorfahren aus Zentralasien kamen über die Seidenstraße oder trieben ihre Herden über die Weiden der Hochebenen hierher.

YASUHIRO HAYASHI

Eine traditionelle Fährverbindung am Oberlauf des Huanghe ist seit vielen Jahrhunderten das Yangpi-Floß. Es besteht aus aufgeblasenen und eingefetteten Schafhäuten, über die ein hölzerner Rahmen gelegt wird. Selbst bei Hochwasser tanzen die leichten Schiffe über das unruhige Wasser.

Rechts

Aus einer in den Fels geschlagenen Grotte blickt Buddha über den Fluß. Die Statue gehört zum Kloster Bingling in der Schlucht Liujiaxia.

Abenteurer, die es wagen, sich über die Stromschnellen katapultieren zu lassen, wählen gewöhnlich ein Fahrzeug traditioneller Bauart, das leichte Yangpi-Floß aus aufgeblasenen Schafhäuten unter einem hölzernen Rahmen. Es trug sogar die Dokumentarfilmer des chinesischen und japanischen Fernsehens mit ihren schweren Kameraausrüstungen. In den Wirbeln und Wogen schießen die Flöße wie Libellen über das wilde Wasser. Der Himmel ist während der aufregenden Fahrt nur als schmale Kerbe zwischen den schroffen Granitfelsen zu sehen. Unversöhnlich schleudern diese die machtvolle Strömung zurück. Zehntausende von Jahren währt der Kampf zwischen Felsen und Wasser, diesen Giganten der Natur. Einen Sieger gibt es nicht.

Ruhiger strömt der Fluß in Gansu einher. Überall an seinem und seiner Nebenflüsse Ufer haben die Gläubigen das Bild des Buddha in die Felsen eingegraben. In den Höhlentempeln begegnet seine Gestalt unaufhörlich, allein siebentausendmal in den 194 Grotten des berühmten Heiligtums am Berg Maijishan. In der Provinz Gansu versammeln sich gleichermaßen Religionen wie große Ströme, die in den Gelben Fluß münden. Tibeter und Mongolen hängen dem Buddhismus an; die Uiguren, die sich mit Han-Chinesen und Stämmen aus Zentralasien vermischt haben, sind gläubige Moslems. Händler zogen an diesen Flußufern entlang, um die Schätze Cathays nach Europa zu bringen. Aus dem Heer der namenlosen Kaufleute ragt einer heraus – Marco Polo.

Innerhalb der heutigen Grenzen Chinas bildet die Provinzhauptstadt Lanzhou das geographische Zentrum Chinas. In den unruhigen Jahrhunderten zuvor aber, in denen die Machtverhältnisse wechselten wie die Gezeiten, war Lanzhou nur eine Grenzstadt am äußersten Rande des Reiches. Von Unruhe und Sorge erfüllt, spähten die Kommandanten der dort stationierten Garnisonen ins Feindesland. Ständig drohten Überfälle seitens der kampflustigen Stammeskrieger vom Qinghai-Plateau und der ruhelosen, kriegerischen Völker aus den Steppen von Xinjiang. In den sechziger Jahren des 19. Jahrhunderts erhoben sich die Moslems in Gansu und widerstanden lange den kaiserlichen Truppen, bevor sie nach einem sechzehn Jahre währenden Krieg mit unvorstellbarer Brutalität niedergemetzelt wurden. Damals, so heißt es, färbten sich die Wasser des Gelben Flusses rot.

Der Huanghe schneidet durch den schmalsten Teil der Provinz, deren Grenzverlauf an die Form einer Eieruhr erinnert. Unglaublich arm ist dieser Landstrich, selbst heute sind Bettler hier nichts Ungewöhnliches. Die 450 000 Quadratkilometer große Fläche besteht vorwiegend aus Wüste und karger Steppe. Der Großteil der Bevölkerung, darunter das Drittel, das Uiguren, Tibeter, Dongxian, Mongolen und Hui ausmachen, lebt in ländlichen Gebieten. Die Städte hingegen sind von Han-Chinesen beherrscht. Vor allem Lanzhou bietet den unzähligen Chinesen eine neue Heimat, die aus allen Teilen Chinas herbeigebracht werden, um in den rauchenden Chemiewerken, den Maschinenfabriken und den metallverarbeitenden Industriezweigen zu arbeiten.

Weiter stromabwärts kreuzt der Fluß eines der beeindruckendsten Bauwerke, das je von Menschenhand geschaffen wurde – die Große Mauer. In der Vergangen-

TSUGUSATO OMURA

Lanzhou ist das bedeutendste Zentrum der chemischen Industrie in China. Modernste Technologien schaffen nicht nur Verdienstmöglichkeiten für Arbeiter, sondern ziehen auch Wissenschaftler und Techniker an. Die einstige Grenzstadt ist heute eine Metropole, die zu den wichtigsten Industriestädten Chinas zählt.

heit zeigte der Fluß den Barbaren aus dem Westen einen Weg nach China; um diese abzuwehren, wurde die Mauer gebaut. Im Norden Gansus bewachen durch die trockene Wüstenluft erhaltene Wälle alter Festungen noch immer einsame Pässe gegen barbarische Eindringlinge.

Aus dem Felsen gehauene Buddhastatuen starren unbewegt über den Fluß und seine Nebenflüsse. Hier ist die Vergangenheit noch lebendig. Voll Stolz zeigen die Mönche des Höhlenklosters Bingling an der Liujiaxia-Schlucht den Besuchern erlesene Zeugnisse chinesischer Sakralkunst. 679 steinerne Buddhastatuen und 82 Tonskulpturen lassen sich heute von den kamerabewehrten Touristen aus Amerika ebensowenig in ihrer Kontemplation stören wie damals von Marco Polo.

Außerdem befindet sich in dieser Schlucht ein beeindruckendes Wasserkraftwerk, das mit einer Kapazität von 1225 Millionen Kilowatt eines der größten in China ist. Ein riesiger Staudamm hält das Wasser in der Schlucht zurück. Jährlich produzieren die von ihm angetriebenen Turbinen eine Leistung von 5,7 Milliarden Kilowattstunden, mehr als in ganz China in den Tagen der Republik, vor der „Befreiung" 1949, wie die Ingenieure des Kraftwerks gerne betonen. Ein Teil der hier erzeugten Energie versorgt die Häuser von Lanzhou mit Strom. Dieses bedeutende Industriezentrum liegt unter einer riesigen Smogglocke.

Gleich hinter Lanzhou wendet sich der Huanghe nach Norden. Hier beginnt die weiteste von den insgesamt neun Schleifen des Flusses. Sie verläuft zunächst nordwärts durch Gansu nach Ningxia, dem Land der Moslems, zieht nach Osten durch die mongolischen Steppen und dann südwärts, wo der Fluß die Grenze zwischen Shanxi und Shaanxi bildet. Die 60 000 Quadratkilometer von Ningxia wurden 1958 zum Autonomen Gebiet der Moslems, des Hui-Volkes, erklärt. Diese machen heute einen Anteil von vierzig Prozent an der Bevölkerung aus; außerdem leben hier Mongolen, Mandschuren, Tibeter und Han-Chinesen. Die Hui haben sich im Laufe der Jahrhunderte mit anderen Völkern vermischt; sie bewahren trotzdem ihre ethnische und kulturelle Eigenart.

In dieser Gegend am Huanghe soll der große Eroberer Dschingis Khan ein unrühmliches Ende gefunden haben. Der Mann, der die Welt in Schrecken versetzte und sich große Teile von ihr unterwarf, starb nicht auf dem Schlachtfeld, sondern im Bett. Viele Versionen sind überliefert, doch in allen heißt es, daß der wilde Kämpe in heftiger Liebe zu einer ungewöhnlich schönen Tanguten-Prinzessin entbrannte. Er zwang ihren Ehemann, sie ihm abzutreten. Als sich der begehrliche Khan ihr nähern wollte, zog sie ein scharfes Jagdmesser aus ihrem Gewand und entmannte den Herrscher, der die Geißel der Welt war. Sie entkam aus seinem Lager bei Yinchuan (heute die Hauptstadt des Autonomen Gebiets Ningxia) und stürzte sich in den Gelben Fluß. Der mongolische Name des Flusses, „Fluß der Prinzessin", erinnert an ihr Schicksal. (Andere Historiker lassen Dschingis Khan ganz prosaisch an den inneren Verletzungen sterben, die er sich während seines Feldzugs gegen die Tanguten bei einem Sturz vom Pferd zugezogen hatte.)

Wenn man den Huanghe mit einem Drachen vergleicht, wie es seit Urzeiten geschieht, so bildet der Große Bogen den gekrümmten Rücken des Tieres. Der Fluß

TSUGUSATO OMURA

Im Zwielicht der Morgendämmerung radeln die Einwohner von Baotou zur Arbeit. Die Stadt ist das Eisen- und Stahlzentrum der Inneren Mongolei und zählt zu den fünf wichtigsten Zulieferern der weiterverarbeitenden Industrien Chinas.

眾生處代如電光　須臾業盡即無常
慈悲觀音濟群品　愛河苦海作橋樑
捨施淨財成真像　光明曜晃綵繪莊
惟願亡者生淨土　三途免苦上天堂
時天復拾載庚午歲七月十五日畢功記
供養
亡弟試殿中監張有成一心

verläßt die Provinz Gansu mit einer ungeheuren Last Schlamm – und nimmt stetig mehr davon auf.

Innerhalb des Großen Bogens erstreckt sich die Ordos, ein Band aus Wüste und trockener Steppe. Über diese Ebene galoppierten die Mongolen, bevor sie aufbrachen, um die Welt zu erobern. Die Gelehrten halten „Horde" für eine Verballhornung des Wortes Ordos. Noch heute leben hier Nachkommen von Dschingis Khan. An einem Nebenfluß des Huanghe liegt Huhhot, die Hauptstadt des Autonomen Gebiets Innere Mongolei. Auf Mongolisch heißt das „Grüne Stadt". Hier und andernorts in dem ausgedörrten, durstigen Land bedeutet Wasser grünes Leben, ermöglicht Bewässerung Landwirtschaft. Das ist aber in der 1,2 Millionen Quadratkilometer umfassenden Provinz, die sich in der Gestalt eines großen Halbmondes an der nördlichen Grenze Chinas erstreckt, die Ausnahme. Der Gelbe Fluß durchquert einen beachtlichen Streifen des Mongolenlandes, bevor er auf der Höhe seines Bogens nach Osten abbiegt und sich schließlich nach Süden wendet, hin zu den Lößlandschaften des eigentlichen China.

Links

Das Seidenbild zeigt den Bodhisattva Guanyin, Chinas bedeutendsten Anhänger des Buddha. Huldvoll nimmt er die Opfergaben der Gläubigen entgegen. Die lebendige Haltung des Bodhisattva und der fließende Faltenwurf der Gewänder verraten den Einfluß der traditionellen Sakralkunst Chinas.

YASUHIRO HAYASHI

Wandermönche kampieren in Nylon-Zelten auf der Songpan-Ebene in Sichuan. So kommt der technische Fortschritt alten Traditionen zu Hilfe.

浩瀚中游

Der Mittellauf

Das siebenhundert Kilometer lange Jinshen-Tal erscheint wie eine klaffende Wunde, die eine riesige Axt dem Land schlug. Durch diesen gewaltigen Erdriß wälzt sich der Huanghe und trennt dabei die geschichtsträchtigen Provinzen Shaanxi und Shanxi. Über hundert bedeutende Zuflüsse nimmt er hier mit ihrem Wasser und Schlamm auf. Dieser Landstrich ist sowohl im geographischen wie auch im historischen Sinne alt. Seit etwa zwei Millionen Jahren formt die Natur den Lauf des Flusses. Tief schneidet er ins Lößbergland; seine schmaleren Zuströme laden in seinen Fluten jährlich eine Milliarde Tonnen Schlamm ab. Wie ein gemarterter Körper erscheint der Huanghe aus der Luft, zernarbt, zerrissen und verwüstet von den Klauen der Erosion. In den vergangenen Jahrhunderten beteten die Landleute und sahen hilflos zu, wie ihr Land verschwand. Heute helfen ihnen Wissenschaftler, widerstandsfähige Bäume und Büsche zu pflanzen, um der Erosion Einhalt zu gebieten. In dieser Gegend nimmt der Huanghe zwei bedeutende Nebenflüsse auf. Durch Gansu und Shaanxi windet sich der Fluß Weihe herbei, vorbei an den Städten, die schon vor der Gründung Roms auf ein ehrwürdiges Alter zurückblickten. Aus der Gegenrichtung rauscht der im fernen Hochland geborene Fenhe durch Shanxi heran.

Am Weihe erhebt sich die stolze Hauptstadt vergangener Dynastien, Xi'an; südwestlich ihrer mächtigen Mauern liegt verschlafen das ländliche Tal Lantian. Es unterscheidet sich in nichts von irgendeinem der tausend Dörfer, die unter der heißen Sonne in den nordchinesischen Hügelketten schlummern. Vor 850 000 Jahren sah es hier ganz anders aus. Damals, so erklären Ethnologen und Anthropologen, war Shaanxi ein heißes, feuchtes Land. Seine Dschungel beherbergten Elefanten, Rhinozerosse, Säbelzahntiger und andere furchterregende Kreaturen. Und ei-

Bauern in Shanxi genießen ihren Feierabend nach einem harten Tag auf den Feldern. Sie rauchen ihren selbstgezogenen Tabak aus selbstgefertigten Pfeifen.

Neugierig lugen Kinder durch die verschiebbaren Fenstereinsätze eines Hauses in Shaanxi. Ihr schüchternes Lächeln begrüßt die fremden Besucher.

nen frühen Vorfahren des heutigen Menschen! Im Jahre 1963 stießen Arbeiter einer Volkskommune in einem Hang auf einige versteinerte Knochen. Ihr Fund elektrisierte die Wissenschaftler, schätzten sie doch sein Alter auf etwa 850 000 Jahre. Die dicken Schädel- und Kieferknochen lieferten wertvolle Hinweise, wie die frühen Bewohner des Huanghe-Bogens vermutlich ausgesehen hatten.

Mehr als nur Hinweise sind von späteren Bewohnern überliefert. Dank des reichen Vermächtnisses, das sie hinterließen, wissen wir sehr wohl, was für Männer und Frauen dasselbe Land vor fünftausend Jahren bevölkerten. Vormals Hirten und Jäger, hatten sie das Nomadenleben aufgegeben und waren seßhaft geworden. Sie pflügten die fruchtbare gelbe Ackerkrume, bauten Hirse und Gerste an, webten, färbten und formten Tongefäße. Eine dieser frühesten Siedlungen aus der Jungsteinzeit, lange vor Gründung der ersten Dynastie versunken, wurde im Dorf Banpo, in der Nähe von Xi'an, entdeckt und ausgegraben. Kleine, um einen winzigen Hof gebaute Lehmhäuser enthielten in ihren Vorratskellern Haufen von Töpferwaren und frühen Werkzeugen. Ein tiefer, um die Siedlung gezogener Graben beweist uns, daß die Bewohner die Welt jenseits ihrer Wälle als feindlich empfanden.

Shaanxi und dessen Nachbarprovinz Henan erheben beide den Anspruch, die wahre Wiege der chinesischen Kultur zu sein. Diese Streitfrage wird niemals befriedigend zu klären sein. Jede Seite führt überzeugende Argumente für ihren Standpunkt an, die indes selten so gewichtig sind wie das Dasein der legendären Stadt Xi'an, zu Lebzeiten Jesu eine Metropole, auch heute noch ein Wunder.

Das moderne Xi'an, Shaanxi, der Gelbe Fluß, im weitesten Sinne sogar ganz China werden heute von einem Mann beherrscht, der vor 2200 Jahren lebte. Die Entdeckungen im Bereich des Grabes von Qin Shihuang mit seiner Armee von Terrakotta-Wächtern zog die Aufmerksamkeit nicht nur auf den Herrscher, sondern auch auf das Reich, das er schuf, auf das von ihm regierte Volk, die von ihm eroberten Gebiete, den Fluß, den er so verzweifelt zu bändigen suchte. Seit dieses unterirdische „Armeemuseum" entdeckt wurde, interessiert sich die Welt nicht nur für seine Herrschaft, sondern auch für jene, die ihm folgten und vorausgingen.

Aus mehreren Gründen bewegt das vom Huanghe durchflossene historische Kernland die heutigen Chinesen. Xi'an, die prachtvolle Stadt der Legenden am Weihe, war mehr als 1100 Jahre lang die Hauptstadt einander folgender Dynastien. Der große Reichseiniger Qin Shihuang hielt in ihren Mauern hof. Viele Gelehrte sind davon überzeugt, daß ohne ihn diese zusammenhängende, allumfassende Kultur nicht entstanden wäre, daß China zu einer Ansammlung kleiner nationaler Staatswesen, wie in Europa, zersplittert wäre. In Xi'an, damals Chang'an geheißen, regierte viele Jahre lang auch die glanzvolle Tang-Dynastie, die man zu Recht als eine der größten Dynastien Chinas bezeichnet. Sie beherrschte ein Weltreich, in dem Töpferkunst, Malerei, Dichtung, die Medizin und Naturwissenschaften blühten. Später betrachtete Marco Polo Xi'an mit Staunen, und viele der Fabeln, die in Europa die Kunde vom Glanz und der Herrlichkeit Cathays verbreiteten, hatten hier, am Anfang der Seidenstraße, ihren Ursprung.

Die Westliche Zhou-Dynastie herrschte hier tausend Jahre vor Beginn der

SEIGO OTSUKA

Eine Pagode krönt den Hügel über der ehrwürdigen Stadt Xi'an.

SEIGO OTSUKA

Dieser spartanisch eingerichtete Raum wurde in die Lößhänge von Yan'an geschlagen. Von ihm aus führte Mao Zedong über zehn Jahre lang die kommunistische Revolution Chinas. Der entlegene Marktflecken Yan'an war das Ziel des verlustreichen Langen Marsches. Mao Zedong und seine Kommandeure richteten ihr Hauptquartier in traditionellen Höhlenwohnungen ein. Hier planten sie den Feldzug der Roten Armee gegen die japanischen Invasoren, und von hier setzten sie im anschließenden Bürgerkrieg die Volksbefreiungsarmee Richtung Süden in Marsch. Das Ziel hieß, ganz China zu erobern.

christlichen Zeitrechnung. Xi'an war auch der Hof der Qin und Sui, Han und Wei. Nicht weniger als elf Dynastien machten die Metropole am Weihe zu ihrer Hauptstadt. Außerhalb Xi'ans liegt zwischen den vielen Gräbern, die bereits identifiziert sind, aber noch einer gründlichen Untersuchung harren, die Ruhestätte der Kaiserin Wu Zetian. Sie war die Konkubine eines Tang-Herrschers, Gemahlin eines zweiten und Mörderin eines dritten. Durch Intrigen, Verrat und Massaker gelangte sie an die Macht. Beinah ein halbes Jahrhundert lang versetzte sie die ganze Nation in Schrekken. Sie war so schön wie grausam, eine geschickte und rücksichtslose Herrscherin, welche die Folter als legitimes Instrument der Herrschaft betrachtete. Der Tang-Kaiserin Wu werden die Qing-Kaiserinwitwe Cixi und Jiang Qing, die entmachtete Gemahlin des modernen Herrschers Mao Zedong, an die Seite gestellt. Zu ganz verschiedenen Zeiten nutzten alle drei das Ansehen ihrer Ehemänner, um die Zügel der Macht an sich zu reißen. Ihnen allen wirft man Massaker, Ausschweifungen und Unterdrückung vor. Alle drei entstammen Provinzen, die vom Fluß bewässert werden, wuchsen mit seinen Legenden auf.

SEIGO OTSUKA

Der scharfe rote Pfeffer verleiht den Gerichten von Shaanxi und Shanxi die rechte Würze und den staubiggelben Wänden der Höhlenwohnungen einen Farbtupfer. Chili und Knoblauch sind beliebte Zutaten in der regionalen Küche. Sie runden den Geschmack der zahllosen Gemüsesorten ab, die auf den bewässerten Feldern im Überfluß gedeihen.

Viele Gräber in Shaanxi sind wahre Totenstädte: Um die Grabkammer eines Monarchen drängen sich, so sagen die Wissenschaftler, Gräber von Dienern, Höflingen und Soldaten, die in der Nähe ihres Herrn begraben werden wollten. Aus der ganzen Welt kommen Archäologen und Wissenschaftler anderer Fachrichtungen hierher, um die Ausgrabungen zu beobachten.

Shaanxi zieht aber auch die Aufmerksamkeit von Gelehrten auf sich, die sich mit der Neuzeit befassen. In den unbedeutenden Marktflecken Yan'an, eine staubige, unwirtliche, entlegene Siedlung, stolperten im Jahre 1936 Bauernsoldaten, ausgelaugt und zu Tode erschöpft. An der Spitze dieser Trupps der Roten Bauern- und Arbeiterarmee stand ein abgemagerter Intellektueller, Mao Zedong. Er hatte die wenigen Männer, die wie er die Strapazen und Kämpfe überlebt hatten, nach Yan'an geführt. Hier fand der Lange Marsch sein Ende. In den Lößhängen ist die Höhlenwohnung zu besichtigen, die Mao Zedong während jener elf Jahre bewohnte, in denen Yan'an das Hauptquartier der Kommunisten war. Ganz in der Nähe liegen ähnlich spartanische Höhlenwohnungen, die damals Zhou Enlai, Zhu De und andere Führer der Kommunisten beherbergten. Museen halten die Erinnerung an jene Phase der chinesischen Revolution und an die neuzeitliche Legende vom Langen Marsch lebendig. Dauerhafter und eindrucksvoller ist aber ein anderes Vermächtnis der kommunistischen Herrschaft: die heroische Aufforstung an den Ufern des Flusses Yanhe und die mächtigen Deichanlagen stromabwärts. Wie schon die alten Herrscher, nahm auch Mao Zedong die Warnungen aus der Vergangenheit ernst. Er erkannte, daß die Beherrschung des Flusses die unabdingbare Voraussetzung für die politische Kontrolle des Landes war.

Bevor Mao Zedong mit seinen Gefolgsleuten den Kampf mit dem Fluß aufnehmen konnte, mußte er sich anderen Feinden stellen. Aus zwei Gründen hatte er sich entschlossen, seine Hauptstützpunkte im vergleichsweise wohlhabenden, üppigen Süden aufzugeben und seine Truppen in den armen, dürren und rückständigen Norden zu führen. Zum einen mußte er die immer bedrohlicher werdende Umklam-

HIROYUKI USAMI

Eine alte Frau sucht Wärme unter ihrer Steppdecke. Sie erinnert sich noch gut an die Soldaten der Roten Armee, die vor einem halben Jahrhundert während des Langen Marsches durch ihr Dorf marschierten. Mit ihnen kam ein neues Zeitalter.

merung seitens der Guomindang-Armeen durchbrechen, die den Befehl hatten, die „Roten Banditen" auszurotten. Zum anderen suchte er den Kampf mit den eindringenden Japanern, die bereits die zu China gehörende Mandschurei an sich gerissen hatten. Die Kommunisten predigten, Chinesen sollten nicht gegen Chinesen kämpfen. Sie drängten auf eine Einheitsfront der Nationalisten, Kommunisten und regionalen Militärmachthaber gegen den gemeinsamen Feind von außen, die Japaner. Nachdem man diese aus dem Lande gejagt hatte, werde ein freies China darangehen, seine Probleme selbst zu lösen.

Diese Auffassung wurde von vielen geteilt, auch von dem aufstrebenden mandschurischen General Zhang Xueliang. Sein Vater, Zhang Zuolin, der bei einem Bombenanschlag durch japanische Agenten ums Leben gekommen war, hatte „der alte Marschall" geheißen; daher nannte man ihn den „jungen Marschall". Die Forderung, alle militärischen Kräfte gegen die Japaner zu vereinen, paßte indes nicht in die Pläne des Führers der Guomingdang, des Generalissimo Jiang Jieshi (Chiang Kai-shek). Im Dezember 1936 flog er nach Xi'an, wo er ein Oberkommando für den Kampf gegen die in und um Yan'an operierenden Kommunisten eingerichtet hatte. Jetzt wollte er eine Generaloffensive gegen die „Banditen" der Roten Armee einleiten. Was genau am 12. Dezember 1936 geschah, ist bis heute noch nicht eindeutig geklärt. Auf jeden Fall setzte der junge Marschall seinen Generalissimus fest und zwang ihn, eine Delegation der kommunistischen Führung zu empfangen. Zu dieser gehörte Zhou Enlai, schon damals ein glänzender Diplomat. Die beiden Erzfeinde und der junge Marschall entwarfen den Text eines Übereinkommens, das die Vereinigung aller Armeen unter einem Befehl vorsah. Als die Japaner wenige Monate später ihren Großangriff begannen, trug dieses Übereinkommen dazu bei, das Land vor der Okkupation zu retten. Der Xi'an-Zwischenfall, wie er in den Geschichtsbüchern genannt wird, zählt zu den bedeutendsten Ereignissen, die die Stadt in den fünf Jahrtausenden seit ihrer Gründung erlebte. Wenig erinnert heute daran. Noch immer prägen die Monumente einer ferneren Vergangenheit das Stadtbild – Glocken- und Trommelturm, Pagoden, Tempel, Schreine und Moscheen.

Heute errichtet China seine moderne Industrie auf den Grundfesten seines reichen kulturellen Erbes. Erst seit zehn Jahren ist das Land ernsthaft bemüht, Touristen anzulocken. Zuvor hatte es sich, manchmal jahrhundertelang, der Welt weitgehend verschlossen und Kontakte mit Fremden, den Barbaren, vermieden. Das Land der Mitte war sich selbst genug. Mächtigstes Symbol dieser sinozentristischen Weltsicht ist die Große Mauer, dazu bestimmt, die kriegerischen Horden der nördlichen Steppen abzuwehren. Aber auch friedlichere Besucher wurden abgewiesen. Als europäische Gesandte im 18. Jahrhundert ehrerbietig und gesittet zum Hof der Mandschu kamen, empfing sie der Kaiser mit wohlwollender Neugier. Nachdem er sie betrachtet hatte, als wären sie exotische, doch harmlose Tiere, erklärte er ihnen, China benötige nichts aus der äußeren Welt, und schickte sie unverrrichteter Dinge in ihre Heimat zurück. Die rücksichtslosen Händler aus Schottland, die unter Mißachtung kaiserlicher Edikte Opium nach China brachten, wurden gleichfalls abgewiesen. Da aber sandten die Briten ihre Kriegsschiffe den Perl-Fluß hinauf,

HIROYUKI USAMI

Vergilbende Photographien von Mao Zedong und seinen Weggefährten schmücken die Wand einer Höhlenwohnung in Shaanxi. Ganz in der Nähe befand sich das Hauptquartier der Kommunisten in Yan'an.

YASUHIRO HAYASHI

Mit Spitzendessous ist ein Schaufenster in Pingyao dekoriert. Die „Konsumrevolution" erreicht selbst die abgelegensten Gegenden Chinas.

Rechts

Die meisten Waren, die von der expandierenden chinesischen Industrie in den letzten Jahren produziert wurden, fließen in Chinas enormen Binnenmarkt. In einem Warenhaus in Taiyuan, der Hauptstadt der Provinz Shanxi, begutachten Kauflustige die ausgestellten Waren. Zum ersten Mal seit Menschengedenken haben die meisten der tausend Millionen Chinesen Geld zum Ausgeben. Zum ersten Mal auch liegen in den Läden genug Güter aus, um die Nachfrage zu befriedigen.

Übernächste Seite

Der Wind wellte die endlose Sandfläche der Tengger-Wüste. Trügerisch jedoch ist das Bild der sanften Dünen. Das unversöhnliche Land schenkt den Menschen nichts – nur seine einsame Schönheit.

TSOGUSATO OMURA

besiegten in den sogenannten Opiumkriegen die chinesischen Truppen und besetzten Hongkong. Seit 1978 jedoch, als sich die Regierung entschloß, die Vier Modernisierungen voranzutreiben und China auf den Weg zu einer hochindustrialisierten Gesellschaft zu bringen, fördert sie den Tourismus.

Die Beweggründe hierfür sind nicht so simpel, wie sie auf den ersten Blick erscheinen. Natürlich folgen die Führer einem Grundsatz der Volkswirtschaftslehre. Tourismus ist der billigste und erfolgreichste Weg, um rasch eine riesige Menge ausländischer Devisen ins Land zu bekommen, die für den Ankauf moderner Technologien benötigt wird. Darüber hinaus lassen sich die Verantwortlichen aber noch von anderen Gesichtspunkten leiten. Die ins Land strömenden Touristen sollen helfen, die lange Zeit von den Einflüssen des Auslands und der Moderne abgeschirmten Chinesen auf die Neue Ära vorzubereiten, die von der politischen Führung angestrebt wird. Tourismus fördert zudem die für jede moderne Volkswirtschaft unverzichtbare Infrastruktur.

Trümpfe in diesem Pokerspiel um die Touristen, die geschätzten Devisenbringer und Vermittler neuer Lebensart, sind die Zeugnisse aus Chinas glanzvoller Vergangenheit. Die meisten finden sich an den Ufern des Huanghe. Xi'an ist heute das Zentrum einer blühenden Tourismusindustrie. Sie erfüllt alle Bedürfnisse von Besuchern, die der Faszination alter Dynastien erlegen sind. Vor 2200 Jahren einte Qin Shihuang das Reich; jetzt hilft er, den Aufbruch Chinas ins 21. Jahrhundert zu finanzieren. Zu Tausenden strömen Touristen mit ihren Dollars ins Land und reisen den Huanghe hinauf, um das Grab Qin Shihuangs und andere historische Stätten zu besichtigen. Einige kühne Besucher verzichten auf den Luxus ihrer neuerrichteten Hotels in Xi'an und wagen sich flußaufwärts zu den letzten Ruhestätten nicht so ruhmreicher Herrscher. Die gibt es zur Genüge, vor allem nördlich von Xi'an in der Ordos, dem selten von Touristen besuchten Steppen- und Wüstenland im Huanghe-Bogen. Überall stößt man in der Ordos auf halb im Sand versunkene Monumente der Vergangenheit, die Invasionen und Kriege mehrerer Jahrhunderte überdauert haben.

In diesem Landstrich herrschten die Hunnen. Die Ruinen ihrer befestigten Lager werden vom ruhelosen Sand freigelegt und wieder zugedeckt. Damals, vor fünfzehn und mehr Jahrhunderten, war das Land fruchtbar. Siebenhundert Jahre lang bildete es den Schauplatz erbitterter Kämpfe zwischen Hunnen und Han-Chinesen. Beide Völker wollten die Ordos und die reichen Länder am Fluß an sich reißen. Dann stieg hier das Volk der Tanguten auf. Im Jahre 982 erklärte sich ihr Herrscher zum König der Westlichen Xia. Es war ein kleines, aber mächtiges Reich von hoher Kultur. Seine Dichter entwickelten eine eigene Schrift, seine Architekten schufen Paläste und Tempel aus gebrannten Ziegeln und verzierten sie mit farbenprächtigen Kacheln. Ihre herrlichen Bauten sind längst versunken. Wie so viele andere Nationen und Kulturen wurde das Königreich der Westlichen Xia vom unersättlichen Machthunger des Großen Dschingis Khan verschlungen. Er und seine Männer rotteten das Volk aus und ließen das blühende Land als Wildnis zurück. Dem Wanderer, der hier vergeblich nach Spuren des einstigen Glanzes sucht, kommen Verse Friedrich von Schillers in den Sinn:

TSUGUSATO OMURA

Längst haben die Mongolen das Kriegshandwerk aufgegeben, den Kurzbogen gegen den Hirtenstab eingetauscht. Noch immer aber sind sie stolz auf ihre Reitkünste. Das zottige Fell schützt ihre gedrungenen Pferde vor der grimmigen Kälte der Winterstürme. Pferde wie dieses trugen die Krieger des Dschingis Khan bis vor die Tore Wiens.

Alle jene Blüten sind gefallen
Von des Nordens schauerlichem Wehn,
Einen zu bereichern unter allen,
Mußte diese Götterwelt vergehn.

Temudjin wurde der Großkhan von seinem Volk genannt, und unter diesem Namen verehren ihn seine Nachkommen noch heute. Die Starrheit seiner Statue im Mausoleum von Ijinhoro läßt seine wilde Kraft nur ahnen. Wein und Speisen empfängt er weiterhin als Opfergaben. Beständige Werke hat er kaum hinterlassen, er war kein Bewahrer und Erneuerer. Er, der Eroberer und Zerstörer, machte die Mächtigen der Welt zittern.

Der Mittellauf des Flusses, von der Inneren Mongolei hinab nach Henan, ist eins der Kraftwerke der Nation. Der Huanghe selbst produziert nicht viel Elektrizität, doch die Kohle von Shanxi bildet ein Gegengewicht für seine Schwäche. Geologen schätzen, daß sich in der Hälfte der Provinz, die immerhin eine Fläche von 156 266 Quadratkilometer einnimmt, unter der dicken Lößschicht Kohleflöze befinden. Die Vorkommen werden auf 200 Milliarden Tonnen veranschlagt; und es ist hochwertige Kohle, die auch außerhalb Chinas begehrt ist. Beim Verbrennen entwickelt sie eine ungeheure Hitze. Die Wirtschaftsplaner der Provinz Shanxi weisen gern darauf hin, daß sie über mehr als ein Drittel der gesamten abbaufähigen Kohlevorräte Chinas verfügt. Pro Jahr werden 180 Millionen Tonnen dieses kostbaren Rohstoffes für den Energiebedarf von Industrien aufgewendet, die andere Bodenschätze der Provinz verarbeiten: Gips, Kupfer, Bauxit und Asbest. Stahlverarbeitende und chemische Werke sowie Maschinenbau-Fabriken machen Shanxi zu einer der hochin-

Links

In seinem Grabmal in der Ordos-Wüste überblickt Dschingis Khan grimmig die Jahrhunderte. Während der Kulturrevolution wurde seine Ruhestätte von den Roten Garden verwüstet. Jetzt errichtete man ihm ein neues Mausoleum in den Farben Blau und Gelb. Temudjin, einem Angehörigen eines unbedeutenden Nomadenstammes, gelang es, die mongolischen Horden zu einer Nation von Reiterkriegern zu formen. Ihre stolzen Banner wehten über dem größten Imperium, das die Welt je sah.

Seit vielen Jahrhunderten werden die reichen Flöze in Shanxi über Tage abgebaut. Die Provinz besitzt ein Drittel der gesamten Kohlevorräte Chinas. Jetzt ist der Bergbau weitgehend mechanisiert worden. In dieser offenen Grube fördern die Arbeiter den hochwertigen Rohstoff auf traditionelle Weise. Auf dem Rücken tragen sie die wertvolle Last nach oben.

HIROYUKI USAMI

YASUHIRO HAYASHI

Eine alte englische Uhr wird in einem Laden von Pingyao feilgeboten. Wie mag sie in diese Stadt in Shanxi gelangt sein, fern von den Touristenpfaden? Der Ladenbesitzer konnte es nicht sagen. Sie steht schon seit vielen Jahren in seinen Regalen.

dustrialisiertesten Provinzen Chinas. Doch auch die Landwirtschaft spielt für seine 26 Millionen Einwohner eine bedeutende Rolle. Seit Jahrhunderten ist Shanxi für seine Hirse, Bohnen, Walnüsse, Mais und andere Feldfrüchte bekannt. Das Wasser zur Bewässerung der Felder spendet der Huanghe.

Obwohl Shanxi seit jeher als Chinas Kohlelager gilt, spricht viel dafür, daß hier auch schon früh verbesserte Anbaumethoden in der Landwirtschaft entwickelt wurden. Überglänzt von dem gewaltigen Vermächtnis Xi'ans, kann Shanxi mit einiger Berechtigung auf seine einzigartige Bedeutung für die chinesische Geschichte verweisen. Die Kuratoren des Provinzmuseums in Taiyuan versichern, daß nicht weniger als siebzig Prozent aller historischen Zeugnisse, die vor die Tang- und Song-Dynastie zu datieren sind, in Shanxi gefunden wurden. Vieles hat überdauert. Die Provinz ist vor allem reich an bemalten Skulpturen. Eine der erlesensten nationalen Sammlungen ist bei Taiyuan in dem Tempel Jinci, der dem Kriegsgott Guan Yu geweiht ist, zu besichtigen.

Über 2000 Jahre lang war Shanxi bevorzugter Schleichpfad für alle Eindringlinge, die einen Weg in die Herzkammer Chinas suchten. Hunnen, Toba, Dschurdschen, Mongolen – zahlreiche Störenfriede zogen plündernd und raubend durch diese Provinz. Da nimmt nicht wunder, daß dort 27 Tempel dem Gott des Krieges, Guan Yu, geweiht sind. Tatsächlich war der Gott vielbeschäftigt am unteren Lauf des Flusses Fenhe, wo heute die modernen Fabriken der Stadt stehen. Von der nahe gelegenen einstigen Hauptstadt Jinyang blieb keine Spur. Die Stadt hatte unzählige Belagerungen überstanden bis hin zu jener letzten im Jahre 969. Nach siebzig Jahren endloser Kämpfe, Invasionen und Besetzungen weigerten sich die Bewohner von Jinyang, die neue Dynastie der Song anzuerkennen. Außer sich vor Zorn, ließ Kaiser Taizu den Fluß stauen und durch Dämme und Kanäle umleiten, um die Stadt unter

TSUGUSATO OMURA

Das Stahlwerk von Baotou zählt zu den größten Chinas. Kohle wird in dieser Gegend seit Jahrhunderten abgebaut. Dank der Reichtümer, die sie brachte, entwickelte sich Baotou zu einer Metropole der Inneren Mongolei.

SEIGO OTSUKA

Oben und rechts

Im Quellgebiet des Flusses Weihe begannen Buddhisten vor 1500 Jahren, Nischen in eine lotrechte Felswand zu schlagen. Reich geschmückte Grotten und Höhlen beherbergen zahllose Buddhastatuen. An anderen Orten gestaltet, wurden sie, oft von weither, zu diesen künstlichen Höhlen gebracht.

Vorhergehende Seiten

Wo einst Dschingis Khan mit seinen Männern ritt, beherrschen jetzt in der Inneren Mongolei die Stahlwerke von Baotou den Blick über den Huanghe. Erz und Kohle aus nahe gelegenen Lagern machen die rauchenden Schlote zu Symbolen des neuen Wohlstands. Die Hochöfen liefern einen bedeutenden Prozentsatz der chinesischen Stahlproduktion. Inmitten der offenen Hochlandsteppen wirkt die hochindustrialisierte Stadt wie ein Vorbote des kommenden Jahrhunderts. Am Rande ihrer Vorstädte hüten mongolische Hirten noch immer ihre Herden.

TSOGUSATO OMURA

Wasser zu setzen. Nach sieben Jahren erfolgloser Belagerung zogen die kaiserlichen Truppen ab – doch sie kamen wieder, diesmal mit fünf Armeen. Im Jahre 979 übergaben sie die Stadt den Flammen, ihre Bewohner dem Schwert. Noch einmal leiteten sie den Fluß um und spülten die Asche und die Ruinen fort. So gründlich taten sie ihre Arbeit, daß keine Spur von dieser einst blühenden Stadt blieb.

Andere herrliche Bauten, wie die hölzerne Pagode im Kreis Yingxian, entgingen wunderbarerweise der Zerstörung, auch die berühmten Grotten von Yungang, deren ausgehöhlte Felsen an Honigwaben erinnern. Aus den Grotten blicken einem 51000 Statuen, die kleinsten wenige Zentimeter, die größten bis zu siebzehn Meter hoch, entgegen. Die Gegend an den Ufern des Fenhe brachte drei heilige Kaiser der Urzeit hervor, die allesamt ein legendäres Alter erreichten: Yao, der im Jahre 2356 v. Chr. als erster die Bahnen der Himmelskörper berechnete und seinen Stellvertreter Yu 2286 v. Chr. damit betraute, die ungestümen Flußläufe zu regulieren; Shun, der 2224 v. Chr. Prüfungen für angehende Beamte festsetzte; und schließlich den Großen Yu, der als erster Bezwinger des Huanghe gerühmt wird. Diese Tat geschah nach legendärer Zeitrechnung im Jahre 2205 v. Chr. Gedenkstätten für diese drei Kaiser stehen noch heute.

Zeugnisse von Religion und Glauben finden sich überall am Mittellauf des Gelben Flusses. Über den Huanghe hinab gelangte der Buddhismus nach China; über die Seidenstraße brachten Händler aus Syrien den Nestorianismus, aus Arabien den Islam und aus Bagdad das Judentum. Der Islam blühte über Jahrhunderte, bis hin zu jener großen Erhebung der Mohammedaner in den sechziger Jahren des 19. Jahrhunderts. Nach Beendigung des jahrelang erbittert geführten Krieges waren von 800 000 Gläubigen in Shanxi nur noch 60 000 am Leben. In unseren Tagen erschallt von den Türmen der Moscheen wieder der Ruf zum Gebet. An den Ufern des Gelben Flusses wurde auch die Lehre des Taoismus entwickelt. Sie beruht auf mystischen Vorstellungen vom Einklang des Menschen mit der Natur. Schreine, Klöster, Moscheen, Gedenkstätten und Museen lassen den Einfluß von Philosophie und Religion sichtbar werden.

Der Strom der Devisen, den die von der chinesischen Vergangenheit faszinierten Touristen ins Land bringen, soll eine hochindustrialisierte Zukunft finanzieren. In Sichtweite der alten Grabhügel blüht heute das Zeitalter der Hochtechnologie. Wissenschaftler und Ingenieure konstruieren modernste Flugzeuge, erobern mit Nachrichtensatelliten das Weltall und erfinden Computer. Techniker überwachen Maschinenbau-Fabriken, die Dieselmotoren, maschinelle Werkzeuge und medizinische Geräte herstellen. Die Provinz ist aber auch weiterhin berühmt für Künste und Handwerkszweige, die vielfach hier ihren Ursprung nahmen. Keramik, Cloisonné, Bronze und Korbwaren zählen heute zu den bekanntesten Artefakten der Provinz Shaanxi. Die meisten ihrer 30 Millionen Bewohner haben sich ein reges Interesse für die Kulturen der Vergangenheit bewahrt, das vor allem im Süden lebendig ist. Die 195 000 Quadratkilometer von Shanxi erstrecken sich von üppig bewaldeten Gegenden im Süden bis hin zu den von der Erosion zernarbten trockenen Lößwüsten im Norden, weit hinter dem Schutzschirm der Großen Mauer.

TSUGUSATO OMURA

Eine ganze Nation auf Rädern! China ist das Land der 200 Millionen Fahrräder. Am Morgen sind die breiten Straßen von Baotou voll von ihnen. Tausende von Arbeitern radeln in ihre Betriebe.

Rechts

Scherenschnitte sind ein bedeutender Zweig des ländlichen Kunstgewerbes. Das Geheimnis ihres Schnitts vererben die Mütter ihren Töchtern. Diese schmücken die Fenster ihrer Häuser in den Dörfern mit den Zeugnissen ihrer Fertigkeit.

Wenn der Fluß die Innere Mongolei verläßt und sich zwischen Shaanxi und Shanxi durch das Lößgebiet gräbt, ändert sich sein Wesen erneut. Jeder Zufluß bringt ihm reiche Gaben an Schlamm. Seine Farbe wird dunkler. Im Sonnenlicht glänzt er fast golden, im Schatten hoher Erdwälle, die seine Ufer bilden, zeigt er ein stumpfes Braun. Diese natürlichen Deiche ragen bis zu hundert Meter hoch auf. Die Launen des Flusses sind unergründlich. Hier strömt er friedlich zwischen seinen hohen Dämmen dahin, dort schlägt er zornige Wellen. Brücken sind hier selten, die Fähren wirken zerbrechlich. Die höhergelegenen Hügel über dem Fluß, die von seinen Ufern aus nicht zu sehen sind, sind wüstes Land. Seit Jahrhunderten ist es den künstlerischen Neigungen der Natur preisgegeben. Seltene, doch unvorstellbar heftige Sommerregen haben die Hügel zu bizarren Gestalten geformt. Aus den nördlichen Steppen herbeifegende Winde vollenden das Werk. Sie geben den Säulen phantastische Fratzen, gestalten Fresken und polieren Simse. Durch enge Schluchten schäumend, gelangt der Fluß in breite Ebenen, wo er ruhig dahinströmt, um sich gleich wieder gegen die Einengung durch die Hügel zu wehren. Am Hukou-Wasserfall ergießen sich die tobenden, ockerfarbenen Fluten über Stufen aus Kalkstein, bis zu zwanzig Meter tief in freiem Fall. Noch in einer Entfernung von fünfzehn Kilometern, sagen die Bauern, sei das Brüllen des Wasserfalls zu hören. Die hochschäumende Gischt des von Schlamm übersättigten Flusses zieht einen gelben Schleier vor die Sonne.

SEIGO OTSUKA

黃土高原

Das Lößgebiet

In den verwitterten Schluchten des Lößberglands – in einem Gebiet, das größer ist als Großbritannien – helfen Hunderttausende von Bauern, die noch nie den Huanghe gesehen haben, die Überschwemmungsgefahr am unteren Lauf des Flusses zu mindern. Sie tun dies mit Schaufeln und Setzlingen, legen Schonungen und Wälder an. In ein paar Jahren werden diese der schrecklichen Erosion des lockeren Lößbodens Einhalt gebieten. Wissenschaftler schätzen, daß jeder Quadratkilometer in diesen schroffen, vom Regen ausgewaschenen Schluchten jährlich bis zu 35 000 Tonnen Erde verliert. Der größte Teil davon wird von Bächen in die Nebenflüsse des Huanghe getragen, gelangt schließlich in den Fluß selbst. Dort lagert sich der Schlamm im Flußbett ab und erhöht so unaufhörlich dessen Wasserspiegel. Meterhoch über den umliegenden Ebenen strömt der Gelbe Fluß dahin. Um diesen Teufelskreis zu durchbrechen, überzeugen Fachleute die Bauern von der Notwendigkeit, die zerschundenen Hügel im Hochland von Shaanxi und Shanxi zu bepflanzen bzw. aufzuforsten. Gestützt werden ihre Argumente durch die Ziele der neuen Wirtschaftspolitik.

In einem bescheidenen Regierungsgebäude in Zhengzhou, Hauptstadt der geschichtsträchtigen Provinz Henan und in der Vergangenheit Hauptstadt von sechzehn Dynastien und Königtümern, brüten Ingenieure heute über einem Problem, das so alt ist wie China selbst. Auf welche Weise, fragen sich die Männer und Frauen im Hauptquartier der Huanghe-Kommission, kann der Gelbe Fluß gezähmt und genutzt werden? Viele Leute wissen viele Antworten auf diese Frage. Die Verwirklichung ihrer Vorschläge aber ist ein Problem, dem sich die Hydrologen in der Vergangenheit ebenso gegenüber sahen wie ihre Nachfolger heute. Nicht die Verzwicktheit der Aufgabe, sondern ihre ungeheure Vielschichtigkeit bildet die eigentliche Hürde. Nur

Diese Menschen arbeiten an dem vielleicht größten Aufforstungsprojekt der Geschichte. Sie drängen die Wüste zurück, indem sie genügsamen Strandhafer pflanzen. Die widerstandsfähigen Gräser sollen den Sand binden. Gleichzeitig werden Kanäle gezogen, die das Wasser des Gelben Flusses heranführen. In ein paar Jahren werden hier die ersten Bäume fest verwurzelt sein.

YASUHIRO HAYASHI

Als habe ein Zauberer in seine Trickkiste gegriffen: Plötzlich tritt der Huanghe aus einem Felsspalt in den Bergen von Qinghai. Gerade noch schäumte er wütend durch den engsten Abschnitt seiner ganzen Reise, die Longyang-Schlucht. Sie heißt im Volksmund die „Schlucht des Wilden Fuchses". Angeblich setzte hier ein Fuchs mit einem kühnen Sprung über die zehn Meter breite Kluft.

wenige Menschen kennen den Huanghe und seine zahllosen Launen besser als die 28 000 ständigen Mitarbeiter dieser Kommission. Vom Ursprungsgebiet in Qinghai, wo das Quellforschungsteam noch immer die Zuflüsse des schmalen Rinnsals untersucht, bis hinab zur Mündung am Bohai-Meer, wo aus dem aufgeschwemmten Schlamm Neuland wird, überwacht die Huanghe-Kommission ständig den Zustand des Flusses.

Der Kampf gegen die Flutkatastrophen setzt dort ein, wo ihre ersten Ursachen liegen – in dem Autonomen Gebiet der Inneren Mongolei. Hier tritt der Fluß in seinen zweiten Lebensabschnitt, und hier beginnt er bereits mit dem Sammeln jener ungeheuren Schlammlast, die viele Kilometer flußabwärts den Fachleuten zu schaffen macht und Millionen Menschen in der Nähe seiner Ufer beunruhigt. Die Situation verschärft sich rapide, wenn der Huanghe sich mit wilder Kraft seinen Weg zwischen den Provinzen Shaanxi und Shanxi bahnt. Hier, in der Herzkammer der krebsartig wirkenden Bodenerosion, werden riesige Mengen Erde in den Wasserlauf gespült. Studien zur Bekämpfung der Erosion, verfaßt von Gong Shiyang und Mou Jinze, zwei Hydrologen der Huanghe-Kommission, werden von der internationalen Fachwelt als wegweisende Untersuchungen gelobt. Solche Problemanalysen zeigen zwar, was getan werden muß, um den Fluß und die besorgniserregende Bodenerosion zu kontrollieren. Die zu treffenden Maßnahmen sind aber derart umfangreich, daß, wie die Experten zugeben, der Erfolg in weiter Ferne liegt. Obwohl sie in den letzten Jahren gewaltige Anstrengungen unternommen und dabei spektakuläre Resultate erzielt haben, können sie, so schrieb Gong Shiyang, Direktor der Chinesischen Gesellschaft für Hydrologie, die Sünden von viertausend Jahren nicht in knapp vier Jahrzehnten wiedergutmachen. Ein langer und mühseliger Weg liegt vor den Mitgliedern der Huanghe-Kommission.

Viele Jahrhunderte lang kümmerten sich die Menschen, die an den Ufern des Flusses lebten, einzig um ihre eigenen Angelegenheiten. Diese lethargische Haltung hat sich heute verändert. Die Huanghe-Kommission in Zhengzhou, das Ministerium für Wasserkraft und Elektrifizierung in Beijing, Dienststellen und Behörden in jeder Provinzhauptstadt und in jeder Stadt am Fluß widmen sich nun gemeinsam der allumfassenden nationalen Aufgabe, den Huanghe zum Gehorsam zu zwingen. Das Problem ist gewaltig. Gewaltig sind aber auch die Mittel, die zu seiner Lösung aufgewandt werden.

Die Ingenieure haben nicht nur mit Flutkatastrophen zu tun. Ebenso bedrohlich, wenn nicht sogar verheerend können die Auswirkungen der Dürre sein. Durchschnittlich 56 Milliarden Kubikmeter Wasser strömen jährlich den Huanghe hinunter. Den Großteil davon sammelt der Fluß in seinem Oberlauf, etwa sechzig Prozent seiner Gesamtwassermenge oberhalb von Lanzhou; dieses Gebiet macht kaum dreißig Prozent seines Einzugsgebietes aus. Dort in Gansu, wo sich der Fluß nach Norden wendet, um zu seinem Großen Bogen anzusetzen, ändert er sein Wesen. Je weiter man ihm folgt, desto schmaler erscheint er. Der Eindruck trügt nicht. In einem kaum glaublichen Ausmaß wird ihm auf seiner weiteren Reise Wasser entnommen. Wenn der Huanghe das durstige Ackerland durchschneidet, arbeiten an seinen

SEIGO OTSUKA

Aus diesem zernarbten und verwüsteten Hügelland in Shanxi schwemmen Regenfälle in jedem Jahr eine unglaubliche Menge des Lößbodens in den Huanghe. Von hier stammt der Schlamm, der schließlich in den Ebenen, weit stromabwärts, verheerende Flutkatastrophen verursacht. Jahrhundertelang hat sich die Erde Schicht um Schicht auf dem Grund des Huanghe abgelagert. Stetig erhöhte sie sein Bett. Heute fließt er hoch über der Ebene dahin. Wenn er die Dämme durchbricht, verwandelt er das umliegende Land in riesige Seen.

YASUHIRO HAYASHI

Wie Bänder aus reicher Spitze liegt der Pavillon am Hang des „Bergparks der Fünf Quellen". Er gewährt einen herrlichen Ausblick über das Tal.

Ufern elektrische Pumpen, drehen sich altertümliche Wasserräder, öffnen sich Schleusen zu Bewässerungskanälen, kreisen hier und dort die Flügel von Mühlen – sie alle rauben dem Fluß sein Wasser. Bevor er das Bohai-Meer erreicht, hat man ihm die schwindelerregende Menge von 27 Milliarden Kubikmetern entzogen – das ist die Hälfte seines Wassers. Etwa elf Milliarden Kubikmeter verliert er auf diese Weise bereits in seinem Oberlauf, bevor er die trockenen Steppen der Inneren Mongolei verläßt. In seinem Mittellauf, bis hinab nach Zhengzhou, pumpt man weitere sechs Milliarden Kubikmeter aus ihm heraus. Windet er sich schließlich zwischen seinen mächtigen Deichen durch die Nordchinesische Tiefebene, fließen weitere zehn Milliarden Kubikmeter aus seinem hochgelegenen Bett ab – durch Schleusentore auf die tiefergelegenen fruchtbaren Felder.

In diesem Gebiet ist die Wasserentnahme aus dem Hauptstrom ein Kinderspiel. Durch die seit Jahrhunderten währende stete Ablagerung von Schlamm erhöht sich das Bett des Huanghe in seinem Unterlauf jährlich um etwa zehn Zentimeter. Heute strömt er zwischen seinen starken Deichen bis zu zehn Metern über der Ebene dahin. So liegt sein Bett bei Kaifeng, im Nordosten der Provinz Henan, ein gutes Stück über den Dächern der alten Stadt. Bevor die jährlichen Sommerregen auf die Ebenen prasseln, in den trockenen Monaten Mai, Juni und Juli, wenn die Saaten und Pflanzen dringend Wasser benötigen, müssen die Schleusenwärter nur auf einen Knopf drücken. Leistungsfähige Elektromotoren treiben dann mächtige Winden an, die die stählernen Schleusentore in den Deichwänden hochziehen. Dank des Gefälles fließt das Wasser sanft in ein Netz von verzweigten Kanälen, verteilt sich auf tausend kleinere Wasserwege und füllt schließlich Gräben, die Zehntausende von Feldern mit dem kostbaren Naß versorgen.

Auf diese Weise werden 80 Millionen Mu Land (etwa 5,3 Millionen Hektar) preiswert und zuverlässig genährt. Nicht viel anders wurden die Felder während der viertausend Jahre zuvor bewässert. Trotz Flutkatastrophen und Dürren, trotz allem Unheil, das der Huanghe brachte, war und ist er Lebensspender für das chinesische Volk. Ein Drittel der gesamten Anbaufläche in seinem Einzugsgebiet wird in irgendeiner Form durch ihn bewässert.

Es klingt wie ein Witz, ist aber wahr, daß dieser gewaltige Strom zunehmend an Wassermangel leidet. Statistiken belegen, daß der Huanghe zwischen 1972 und 1981 alljährlich im Juni austrocknete. Das war innerhalb dieses Zeitraums an insgesamt 118 Tagen der Fall. So manches Mal zeigte das Flußbett zwischen Lijing und Luokou, auf einer Strecke von fünfhundert Kilometern, nur mehr Spuren von Feuchtigkeit, ein paar Lachen stehenden Wassers und verschlammte Ufer. Die Flußexperten macht diese Situation ebenso besorgt wie die nicht zu meisternden Überschwemmungen. Sie hoffen, es schon in naher Zukunft mit Hilfe unzähliger Dämme und Staubecken am Oberlauf des Huanghe zu erreichen, daß der Fluß auf seiner ganzen Länge und zu jeder Jahreszeit Wasser führt.

„Chinas Sorge" – der Fluß gibt den nationalen Planern wahrlich viele Probleme auf. Ihm, dessen Fluten Millionen verschlangen, fehlt es regelmäßig an Wasser. Um diesen widernatürlichen Zustand zu beheben, faßte man Mitte der achtziger Jahre

SEIGO OTSUKA

Nahe der Stadt Xining strömt der Huanghe friedlich dahin. Man mag kaum glauben, daß er den Menschen, die an seinen Ufern leben und arbeiten, immer wieder verheerende Zerstörung bringt.

Folgende Seiten

Nahe Jiaxian in der Provinz Shaanxi führt ein Hirte seine Herde über einen gefrorenen Nebenfluß des Huanghe. Vertrauensvoll folgen ihm die Schafe, gewandt in seine Spur tretend.

SEIGO OTSUKA

SEIGO OTSUKA

Ein Bild, so alt wie China selbst: Eine Bauernfamilie zieht mit ihrem Esel über die gelbe Erde von Shanxi.

dieses Jahrhunderts ein dramatisches Projekt ins Auge. Ein Teil der unerschöpflichen Fluten des Changjiang sollte durch neu zu schaffende Wasserstraßen, parallel zum Großen Kanal, in den Unterlauf des Huanghe geleitet werden und so die Bauern von Shandong mit Wasser versorgen. Der Plan ist keineswegs so bizarr, wie er zunächst erscheint. Vor Zeiten nahm der Huanghe tatsächlich diesen Weg und gelangte durch den Huaihe und den Changjiang zum Meer. Experten sahen in diesem Vorhaben, dessen Kosten auf 40 Milliarden Renminbi veranschlagt wurden, eine praktikable Lösung, um den leeren Fluß mit Wasser zu füllen.

Falls dieser Plan verwirklicht wird, könnte das klarere Wasser des Changjiang dazu beitragen, die mit Schlamm übersättigten Fluten des Huanghe zu verdünnen und die gefährlichen Ablagerungen im Unterlauf zu mindern. Wenn Wissenschaftler in einer der 474 hydrographischen Meßstationen am Huanghe Proben entnehmen, schöpfen sie in der Regel einen Kubikmeter des trüben Wassers auf. In den am Unterlauf des Flusses entnommenen Proben entdecken sie, nachdem sich die Schwebteilchen gesetzt haben, daß der Strom im Durchschnitt die erstaunliche Menge von 37,6 Kilogramm Schlamm je Kubikmeter mit sich schleppt. Andere bedeutende Ströme erscheinen vergleichsweise geradezu faul. Der Ganges führt nur ein Zehntel dieser Menge, nämlich 3,9 Kilogramm je Kubikmeter, der trübe Nil kaum 1,4, der Amazonas lächerliche 0,07 Kilogramm, der Mississippi 0,6, der Indus 4,3. Der einzige Fluß, der dem Huanghe in etwa nahekommt, ist der Colorado mit 27,5 Kilogramm Sedimenten in jedem Kubikmeter Wasser. Der Colorado strömt aber nicht durch eine Ebene von 800 Kilometern Breite, die von Millionen Menschen bevölkert ist.

Das erste und wichtigste Ziel der Zentralregierung, der Huanghe-Kommission und der Provinzbehörden ist, die erschreckende Erosion, die sich in die kahlen Hügel von Shaanxi und Shanxi nagt, zu unterbinden oder zumindest zu verlangsamen. Der Gelbe Fluß hat ein Einzugsgebiet von 752 000 Quadratkilometern. 430 000 sind von der Erosion betroffen, 236 000 in bedrohlichem Ausmaß. Die Ursachen hierfür liegen auf der Hand. Jahrhundertelang wurden die Wälder bedenkenlos abgeholzt, wurde der Pflanzenbestand durch Überweidung zerstört. Die Hügel wurden zu intensiv mit dem Pflug bearbeitet und zudem nicht terrassiert, um den rasenden Abfluß der schweren Sommerregen zu verlangsamen. All das trug zur Erosion bei. Aus all diesen Gründen ist der Boden zu geschwächt, um den Schlägen der sintflutartigen Wolkenbrüche widerstehen zu können. Auf die steilen Hügel von Shaanxi fallen im Jahresdurchschnitt 500 Millimeter Regen, das meiste davon während einiger weniger furchtbarer Stürme. Kaum hat sich ein kleiner Spalt in dem verwundeten Boden geöffnet, beißen sich Wind und vor allem Regen in den lockeren Löß und schaffen eine Rinne, die immer tiefer wird. Fachleute sagen, daß das Wasser eines Jahres von jedem Quadratkilometer bis zu 10 000 Tonnen Lößerde fortspülen kann, in Schluchten sogar an die 35 000 Tonnen: Zahlen, die mitunter verzweifeln lassen!

Gruppen von Bodenexperten durchstreiften jahrzehntelang diese kahlen Hügel, um zu erkunden, was getan werden könnte. In den fünfziger und sechziger

YASUHIRO HAYASHI

Von der Erosion zerfressene Hügel wurden in Gansu terrassiert. Bewässerungsanlagen lassen die Felder in üppigem Grün erstrahlen. Dieses zernarbte Lößbergland zieht sich durch Gansu, Shanxi, Shaanxi und Teile von Ningxia sowie der Mongolei. Im Rahmen eines ehrgeizigen Aufforstungsprogramms sind hier riesige Gebiete mit Bäumen bepflanzt worden. Doch erst in ein paar Jahren werden die Schonungen mit ihren Wurzelsystemen den lockeren Lößboden binden. Das Laub soll einen gewissen Schutz vor den schweren Sommerregen gewähren, die in den Lößgebieten so viel Erde fortschwemmen.

Unter der heißen Herbstsonne breiten Bauern ihre Getreideernte auf den Landstraßen aus. Lastwagen und Karren rumpeln über die Halme und trennen das Korn von der Spreu. So erleichtern sie den Bauern die Arbeit des Worfelns, die sonst ihre Rücken überstrapaziert.

Rechts

Eine menschliche Vogelscheuche sitzt unter einem selbstgefertigten Regenschutz. Mit Gongschlägen, Schreien und Steinwürfen verjagt sie die Vögel, die von den Wassermelonen auf den bewässerten Feldern bei Xi'an angelockt werden. Noch bevor die erste Dynastie gegründet wurde, brachten die Fluten des Weihe diesen sorgsam bestellten Feldern grünes Leben.

Jahren zogen Arbeitsbrigaden, Tausende von Frauen und Männern zählend, über diese Hügel. Sie bauten Terrassen und pflanzten Bäume und Sträucher, um die Erosion zu bekämpfen. Obwohl die Arbeiten zwischen 1949 und 1979 zügig voranschritten, wurden erst in den letzten Jahren beachtliche Resultate erzielt. Der Grund ist offensichtlich: Geld. Chinas Großer Führer, Deng Xiaoping, befahl 1978 eine Neuorganisation der Bauernschaft. Er verwarf das alte System der Volkskommunen und ließ die Bauern, vertraglich geregelt, auf eigene Rechnung arbeiten. Das bedeutet: Je mehr die Leute arbeiten, desto mehr produzieren sie – und desto mehr verdienen sie. Die Auswirkungen dieses einfachen, doch revolutionären Verfahrens in der Landwirtschaft zeigten sich sofort. Innerhalb von fünf Jahren verdoppelte sich der Gesamtwert der Agrarproduktion, ohne daß die Regierung auch nur einen Fen aufwenden mußte. Auf eigene Rechnung arbeiteten die Bauern mehr und effizienter, als sie es für die Volkskommunen getan hatten. Die neuen Bestimmungen wirkten sich ähnlich erfolgreich auf die Maßnahmen zur Verhütung von Überschwemmungen und Bodenerosion an den Ufern des Gelben Flusses aus.

Anfang der achtziger Jahre haben die Produktionsbrigaden in Gebieten, die extremer Erosion unterliegen, jeder Bauernfamilie Land zur privaten Nutzung zugeteilt. Die Pachtverträge laufen bis zu zwanzig Jahre, das Land umfaßt in der Regel drei bis sechs Hektar. Im Vergleich zu den Feldgrößen im chinesischen Flachland sind das ausgedehnte Nutzflächen. Dieses Land unterscheidet sich aber deutlich von dem der fruchtbaren Ebenen, wo jeder Quadratmeter bebaubaren Bodens gehegt und gepflegt wird. Die Wolkenbrüche im Sommer haben tiefe und heimtückische Rinnen in das Lößbergland gegraben, das lange von Bäumen entblößt war. Aus diesem verwüsteten Hochland in Gansu, Ningxia, Shaanxi und Shanxi wird die Hauptlast des Löß gewaschen, die den Huanghe zum Schlammbrei macht. Heute wird das Problem dadurch angegangen, daß man den Bauern langfristige Nutzungsverträge gewährt, die diese verpflichten, eine bestimmte Anzahl ausgesuchter Baumarten zu pflanzen.

Weiden, Kiefern und Obstbäume sowie Sträucher, die für schützendes Unterholz sorgen – all diese Pflanzen haben bestimmte Merkmale gemeinsam. Es sind widerstandsfähige Gewächse, die lange Trockenzeiten überstehen. Wichtiger noch, sie alle haben lange, weitverzweigte Wurzeln, die tief in den lockeren Boden eindringen und die Lößkrume binden. Mit ihrem üppigen Blätterdach stellen sie sich gegen die Gewalt der heftigen Regengüsse, die das Erdreich fortzuspülen drohen. Der Schlüssel zu diesem Plan heißt Profit: In zwanzig Jahren werden die Setzlinge zu Bäumen herangewachsen sein. Einige können dann gefällt und als Nutzholz verkauft werden. Für die Bauern stellen sie eine sichere Geldanlage dar, die ihnen in ein paar Jahren einen kräftigen finanziellen Zuschuß einbringen wird. Auch für die chinesische Volkswirtschaft sind die Auswirkungen bedeutend. Nach Jahrhunderten der Vernachlässigung trägt jetzt ein Gebiet von 65 000 Quadratkilometern, etwa so groß wie Irland oder West-Virginia, erstmals Früchte.

Indem sie den Fluch der Erosion abwenden, hoffen die Hydrologen, flußabwärts weitere Probleme zu lösen. Das wichtigste ist, das Fortspülen der Erdkrume aus

YASUHIRO HAYASHI

Die alte Stadt Pingyao in Shanxi ist ein lebendes Museum. Sie zählt zu den wenigen Städten Chinas, die heute noch von starken Mauern umgeben sind. Bis in die jüngste Zeit waren solch mächtige Befestigungen in dem gesetzlosen Land unverzichtbar. Banditenhorden streiften umher, und die Heere rivalisierender regionaler Machthaber kämpften um die Herrschaft über ganze Provinzen. Inzwischen wurden die meisten Stadtmauern abgetragen. Wo sie verblieben sind, erinnern sie an gefährlichere Zeiten.

den Schluchten des Lößberglands in die Bäche, Nebenflüsse und den Huanghe zu verhindern. Die größten Erfolge sind hierbei in den tiefeingekerbten Tälern zu verzeichnen, wo die Erosion ihren Anfang nimmt. Ebenso wie die erfolgreiche Aufforstung wird dies erreicht durch eine Verbindung von Aufklärung der Bevölkerung und finanziellen Anreizen. In tausend Hochlandtälern werden Bauern dazu angehalten, an Flüssen kleine Dämme und Staubecken zu errichten. Diese halten das rasend schnell durch die Schluchten stürzende Wasser der schweren Sommerregen auf, das einen hohen Anteil an wertvollem Schlamm enthält. In den Stau- und Auffangbecken sinkt der Schlamm zu Boden. Ganz allmählich, im Laufe von zwei oder drei Jahren, füllen sie sich und bilden schließlich ebene, fruchtbare Felder. Deren Pflanzen bieten einen natürlichen Schutz gegen die wolkenbruchartigen Regengüsse und verlangsamen somit die einst wildwasserartigen Abflüsse zu weniger schädlichen Rinnsalen.

Wissenschaftler erklären, daß beinahe jedes Gramm Schlamm, das aus den Schluchten gewaschen wird, schließlich in den Huanghe gelangt. In den letzten Jahren haben Fachleute den Bauern gezeigt, wie Hügel zu terrassieren und Staubekken anzulegen sind. Viele folgen diesem Beispiel, nachdem sie die finanziellen Vorteile solcher Maßnahmen erkannt haben. In den Auffangbecken legt ihnen schließlich die Natur fruchtbare, ebene Felder an, die sie privat nutzen und deren Erträge sie verkaufen können. Inzwischen haben die Bauern zahllose neue Dämme errichtet, die entscheidend dazu beitragen, die schlimmen Folgen der Erosion zu mildern und den Abfluß von Schlamm stromabwärts aufzuhalten. Rund 28 500 Quadratkilometer wurden nach Schätzungen von Fachleuten in den letzten Jahren in Gansu, Shaanxi und Shanxi terrassiert, ein Gebiet von der Größe Belgiens. Mehr als eine Viertelmillion Hektar neuen, ebenen Ackerlandes wurde in den schroffen Schluchten hinter Dämmen angeschwemmt, die von Bauern errichtet wurden.

Diese vereinten Anstrengungen haben flußabwärts beachtliche Wirkung gezeigt. Wissenschaftler und Ingenieure untersuchten die abgelagerten Schlammschichten im Flußbett und an Deichen, studierten die historischen Aufzeichnungen und befragten sachverständige Bewohner der Flußufer. Danach errechneten sie, daß seit 1919 im Durchschnitt 1,6 Milliarden Tonnen Schlamm jährlich flußabwärts getragen wurden. 1,2 Milliarden Tonnen davon schwemmte der Huanghe ins Bohai-Meer. Ein großer Teil der Schlammassen lagert sich im Flußdelta ab und schafft allmählich Neuland – etwa 23,5 Quadratkilometer im Jahr.

Sorgen bereiten noch die 400 Millionen Tonnen Schlamm, die sich jährlich im Flußbett absetzen. Sie lassen das Niveau des Huanghe und damit die Gefahr von Flutkatastrophen stetig steigen. Von den errechneten Durchschnittswerten seit 1919 ausgehend, konnten die Ingenieure Mitte der achtziger Jahre gewisse Erfolge verzeichnen. 1986 lagerten sich knapp 200 Millionen Tonnen Schlamm im Flußbett ab. Einige werten das als Beweis für den spektakulären Erfolg der im Lößbergland getroffenen Maßnahmen zur Bekämpfung der Erosion. Die Ingenieure im Computerzentrum in Zhengzhou aber räumen Besuchern gegenüber ein, daß die Regenfälle in jenem Jahr unter dem Durchschnitt blieben. Sie erinnern an das Jahr 1977, als im

SEIGO OTSUKA

Eine Fähre verliert sich auf dem grenzenlosen Wasser des Huanghe zwischen Shaanxi und Shanxi. Rote Wimpel flattern im Wind. Trotz des Alters vieler dieser Fahrzeuge und ihrer augenscheinlichen Zerbrechlichkeit sind Unfälle selten. Das ist zum Teil der Geschicklichkeit der Schiffer zu danken, die ihr ganzes Leben auf den unruhigen, launischen Fluten verbringen.

In der Provinz Gansu durchqueren Bauern eine seichte Furt des Weihe. Auf dem Rücken tragen sie Fahrräder, Waren aller Art und Menschen ans andere Ufer.

Rechts

In der baumlosen Provinz Shaanxi sind Baumaterialien knapp und teuer. Schon vor langer Zeit begannen die Dorfbewohner in Jianlin, ihre Häuser unter den Feldern anzulegen. Zu ähnlichen Lösungen für das Wohnungsproblem gelangten die Bewohner überall in den flachen Lößebenen, wo es keine Hügel gibt, in die sie ihre Häuser schlagen können. Die Bauern heben eine tiefe, viereckige Grube aus. In die Seitenwände graben sie ihre Wohnungen, die Grube wird zum einladenden Hof. So entstanden ganze Dörfer unter der Erde.

Sommer verheerende Wolkenbrüche über den Lößhügeln von Shaanxi und Shanxi niedergingen. Damals lagerte der Fluß besorgniserregende 900 Millionen Tonnen Schlamm in seinem Bett ab. Und sie schauen zurück auf die große Flut von 1933, als das rasende Wasser die Provinzen Henan und Shandong mit der gigantischen Menge von 3,7 Milliarden Tonnen Schlamm überzog. Die Ingenieure erklären heute, daß die bislang erzielten Erfolge beim Bodenschutz und bei der Bekämpfung der Erosion zufriedenstellend seien. Sie betonen aber, daß sie noch immer am Anfang stünden. Eine Menge schlammigen Wassers wird noch den Huanghe hinabströmen, bevor die Bodenerosion unter Kontrolle ist.

Der gelbe Lößstaub, der weite Teile Nordchinas bedeckt, bringt dieser Region ernste Probleme – und gleichzeitig Wohlstand. Die geologischen Besonderheiten des heutigen Huanghe-Tals wurden vor Millionen von Jahren, bevor die erste Spur organischen Lebens auf der Erde erschien, durch eine Anzahl extremer Klimaveränderungen vorbereitet. Während der Eiszeiten – so lang und streng, daß die Wissenschaftler sich ihr Ausmaß kaum vorstellen können – schoben sich Gletscher, groß wie Kontinente, über den Erdball. Sie wanderten hin und her und zermalmten dabei Lava- und Granitmassen zu Blöcken, dann zu Schutt, schließlich zu Staub. Extreme Klima-Umschwünge – von Hitze zu Kälte, von Feuchtigkeit zu Trockenheit – zerrieben die Staubkörner zu noch feineren Partikeln. Die immer wachen Winde nahmen die winzigen Teilchen auf, wirbelten sie hoch in die Luft und trugen sie fort nach Osten, über Sibirien und Zentralasien hinweg. Sobald die Kraft der Winde nachließ, sank der feine Staub zu Boden – im heutigen Einzugsgebiet des Gelben Flusses. Die Provinzen Qinghai, Gansu, Shaanxi, Shanxi, Henan, weite Teile von Shandong, der Norden von Jiangsu und Anhui, das Autonome Gebiet Ningxia und große Gebiete der Inneren Mongolei sind von tiefen Schichten Löß bedeckt, den der Wind von weither getragen hat.

Diese Vorgänge währten Millionen Jahre – und dauern heute noch an. Extreme Temperaturschwankungen in Zentralasien, von 50° Celsius im Sommer bis minus 30° Celsius im Winter, halten den Verwitterungsprozeß des Gesteins dort unaufhörlich in Gang. Ständig entsteht feinster Staub, der vom Wind aufgenommen und nach Osten getragen wird. In vergangenen Zeiten begrub der Löß Wahrzeichen der Geschichte. Heute verursacht er die beißenden Sandstürme aus den Steppen Zentralasiens, die Beijing und andere Städte im Norden während der trockenen Winter plagen. Dann überzieht er alles mit einem stumpfen, grau-ockerfarbenen Film. Ist er feucht, wird seine Schattierung dunkler. Löst sich der feine Flugsand in Wasser, gibt er ihm eine trübgelbe Färbung. Das Wasser der Flüsse macht er heller, leuchtender. Das Spektrum reicht von hellem Braun bis hin zu goldenem Glühen, wenn das Sonnenlicht im richtigen Winkel aufs Wasser fällt. Der Löß gibt dem Gelben Fluß seine Farbe und seinen Namen.

Wer heute durch das Lößhochland und die Nordchinesische Tiefebene reist – beide Regionen verdanken ihr Leben dem feinen Staub –, vermag kaum zu unterscheiden, wo die Schöpferkraft der Natur endet und die Geschicklichkeit der Menschen beginnt. Mauern aus luftgetrockneten Lehmziegeln, mit Schlamm beworfen,

HIROYUKI USAMI

Kino, Rundfunk, Fernsehen und landesweiter Unterricht in der Nationalsprache Putonghua, Hochchinesisch, tragen dazu bei, eine Standardform der chinesischen Sprache im ganzen Land zu verbreiten. Lokale Dialekte werden noch immer in den Familien gesprochen. Dank einer Vereinheitlichung des Schulwesens aber können heute die Menschen von einem Ende des Huanghe-Tals die vom anderen Ende verstehen – zum ersten Mal in der chinesischen Geschichte.

Vorhergehende Seiten

Die Bauern, die den von Erosion zerfressenen Hängen ihren Lebensunterhalt abringen müssen, bemühen sich darum, die Terrassen zu erhalten, die mancherorts schon vor Jahrhunderten angelegt wurden. Die Erdstufen bilden Dämme gegen die verheerenden Wolkenbrüche im Sommer. Sie verhindern, daß der Regen die Erde in die Bäche und Flüsse spült, die in den Huanghe münden. Wo die nackte Erde an solchen steilen, nicht terrassierten Hängen dem Regen schutzlos preisgegeben ist, kann er von einem Quadratkilometer Land bis zu 35 000 Tonnen Erde jährlich abtragen.

HIROYUKI USAMI

gehen nahtlos in sanfte Klippen über, die nicht aus Gestein, sondern aus zusammengepreßtem Erdreich bestehen. Was wurde von Menschen entworfen, was von der Natur geschaffen? Der Unterschied ist meist gering. Wer neugierig ist, mag einen Brocken Löß aus der Uferböschung irgendeines Flusses oder vom Rande irgendeines Feldwegs brechen und die Krume untersuchen, aus der Nordchina wuchs. Feuchtet er den Brocken an, zerrinnt der zu Schlamm. Ist er trocken, kann ihn selbst ein Kind ganz leicht wieder zu dem Staub zerreiben, aus dem er geformt ist. Es ist Erde ohne eigene Gestalt, die Gestalt nur dort annahm, wo Erosion bizarre Formen in die Landschaft meißelte.

Dem Studium des Lößbodens widmeten die alten chinesischen Gelehrten offenbar wenig Aufmerksamkeit. Das Land war da; daher überlegten sie, was mit ihm zu tun war, und nicht, woher es kam. Vor einem Jahrhundert aber drangen Ausländer aus dem Westen in die Lößprovinzen vor und studierten das Phänomen des vom Wind geschaffenen Landes. Die meisten von diesen wißbegierigen Wissenschaftlern kamen aus Deutschland und Rußland. Ihr Nestor war ein beherzter und unermüdlich forschender Preuße, Ferdinand von Richthofen. Er entwickelte die Theorie, daß Eis und Wind die Hauptkräfte waren, die die staubige Erde schufen und nach Nordchina trugen. Jahrzehnte später nahmen Biologen, Historiker, Geologen und Agronomen seine Lehren begeistert auf. Wissenschaftler vieler Fachrichtungen zog das Lößgebiet damals an. Und heute fasziniert es den neugierigen Touristen.

Von Richthofen vermutete, daß die Lößschichten eine Tiefe von bis zu 1000 Meter erreichten und im Laufe von Millionen Jahren entstanden seien. Später ergaben Untersuchungen von Wissenschaftlern, die moderne geologische Instrumente zur Verfügung hatten, daß der Lößboden so tief nicht reicht. Die Ablagerungen sind in weiten Teilen Nordchinas 100 Meter dick. Bei einigen Probebohrungen stieß man allerdings erst in Tiefen von 600 Metern auf die festen Schichten von Kohle und Kalkstein, auf denen der Löß ruht.

Was von Richthofen nicht erkannte: Die undurchdringliche Lößschicht hatte sich über Landschaften voll von Bergen, Tälern und Ebenen gebreitet und diese vollkommen zugedeckt. Besonders hoch liegt diese Schicht, eine Laune der Natur, in den zentralen Gebieten am Mittellauf des Huanghe. Das Lößhochland, wie das größte Gebiet dieses Bodentyps genannt wird, bildet eine durchgehende ockerfarbene Decke, die sich über mehr als tausend Kilometer von West nach Ost erstreckt und 400 Kilometer weit von Nord nach Süd.

Die Lößschichten, die in den steilen, tief eingekerbten Schluchten von Shaanxi und Shanxi gut zu unterscheiden sind, bieten auch Biologen reichhaltiges Forschungsmaterial. Viele Kapitel der Naturgeschichte kann der Kundige in dieser Erde nachlesen. Fossilienfunde belegen, daß in wärmeren Epochen Rhinozerosse, Elefanten, Löwen und Flußpferde in Nordchina heimisch waren. In einigen Gegenden sind die Zeugen vergangener Erdzeitalter so reichhaltig, daß Straßenbauarbeiter beim Graben weiße Knochenlagen unter den tiefen Schichten gelber Erde freilegen. Besonders häufig stoßen sie auf versteinerte Straußeneier. Diese Vögel lebten einst in den Ebenen. Im Jahre 1923 berichtete der Archäologe J. G. Anderson in der „Far

YASUHIRO HAYASHI

Geschäftiges Leben erfüllt den Straßenmarkt von Pingyao. Auf den Fundamenten von Befestigungen, die vor 3000 Jahren angelegt wurden, erheben sich mächtige Stadtmauern. Sie bestehen – wie ihre Vorläufer – aus Ziegelsteinen, sind elf Meter hoch und fünf Meter dick.

YASUHIRO HAYASHI

Fleiß in einer privaten Fabrik. Diese Frau spinnt Holzfasern zu einem Stoff, aus dem Schuhe gefertigt werden.

Eastern Review", er habe achtzehn Gelege mit insgesamt 44 Straußeneiern gezählt. Es müssen Riesenvögel gewesen sein: Ein Ei maß 193 Millimeter. Als die ersten Menschen die Ufer des Huanghe besiedelten, gab es dort schon lange keine Straußenvögel mehr. Von Zeit zu Zeit aber fördern Überschwemmungen, Erdbeben, Ausgrabungen oder Brunnenbohrungen eines dieser Rieseneier zutage. Die abergläubischen Dorfbewohner wußten gleich, woher solch ein Überbleibsel einer unbekannten Vergangenheit stammte: Ihre Legenden bezeichneten den Fluß als Drachen – also mußten dies seine Eier sein.

Am meisten verdanken die Bauern dem Lößland: Hochwertig und ertragreich ist die Erdkrume. Sie läßt sich leicht pflügen und ist zudem frei von Felsen und Steinen, die die Hufe der Büffel verletzen und eiserne Pflugscharen schartig machen könnten. Der Boden ist freundlich zu den Bauern. Reich an Kalk, Pottasche, Phosphor und anderen Mineralien ist der Löß. Und er nimmt in den trockenen Jahreszeiten das Wasser auf. Im Frühling tauen Eis und Schnee, und das Wasser sickert zur rechten Zeit in den Boden, um die neuen Saaten aufgehen zu lassen. Die heftigen Sommerregen im Lößbergland waschen die wertvollen Minerale nicht aus der Erde. Sie spülen sie vielmehr an die Oberfläche, wie die Gartenspezialisten erläutern, und reichern den Boden weiter an. Organischer Dünger tut das übrige, um ihn ertragreich zu halten.

Die große Sandbank Niangniangtan nahe der Stadt Hequ, zwischen Shanxi und Shaanxi, ist über einen Kilometer lang. In schlimmen Jahren wird sie von den Fluten des Huanghe vollständig überschwemmt. Und doch weigern sich die dort ansässigen Bauern, wie auch dieses Paar, den gefährlichen Ort zu verlassen. Zu üppig gedeihen Mais und andere Feldfrüchte, die sie auf dem ertragreichen Lößboden ziehen. Rekordernten, meinen die Bauern, sind das Risiko von Überschwemmungen wert.

HIROYUKI USAMI

Die Bauern an den Ufern des Huanghe ernten oft mehr als einmal im Jahr. Beständig tragen die Winde aus Zentralasien die gute Erde heran, immerwährend trägt der Fluß den feinen Löß stromabwärts. Wenn er in den Trockenzeiten zu einem schmalen Rinnsal schrumpft, werden innerhalb der hohen Schutzdämme, die den Unterlauf des Gelben Flusses auf einer Länge von 1400 Kilometern begleiten, weite Flächen des kostbaren Schlamms zugänglich. Dann beeilen sich die Bauern, sie zu bepflanzen – in der Hoffnung auf reiche Ernten ihrer rasch wachsenden Gemüsesorten, bevor das Wasser wieder steigt und sich die Früchte holt.

TSUGUSATO OMURA

Nahe Zhongning, Ningxia, helfen viele Hände dabei, die goldene Ernte einzufahren. Weizen ist das Hauptnahrungsmittel Nordchinas.

An der Mündung des Flusses, wo die schlammigen Wasser das Meer erreichen, lassen sie ihre schwere Last zu Boden sinken. Dort verlandet im Jahr eine Fläche von etwa 23,5 Quadratkilometern. Dieser Prozeß begann 1853, als der Fluß zum letzten Mal seinen Lauf änderte und sich sein heutiges Bett suchte. In ein paar Jahren wird sich die jetzige Mündung um etliche Kilometer in das salzige Bohai-Meer verschoben haben. Ohne menschliches Zutun wird sich das heute geschaffene Neuland dann in fruchtbares Ackerland verwandelt haben: Das macht der Löß, der aus dem einen halben Kontinent entfernten Zentralasien stammt. Tausende von Kilometern weit wird er durch die Luft getragen, bevor er über dem Lößbergland niedergeht. Aus den von Erosion zerfressenen Schluchten Shaanxis gelangt er in den Gelben Fluß, der ihn weitere 2400 Kilometer stromabwärts schwemmt, um diesen neuesten Zipfel Chinas zu schaffen.

Die chinesischen Bauern wissen die gute Erde zu pflegen. Im Laufe von mehr als tausend Jahren haben sie Methoden entwickelt, um ihre Felder zu schützen und den Boden anzureichern. Hierzu trägt vor allem das Wasser des Huanghe bei, das sie auf ihre Felder leiten oder pumpen. Es enthält eine unglaubliche Menge des mineralreichen Löß.

Der bedeutende Gelehrte Chang Gee-yuen schätzte den durchschnittlichen Schlammgehalt des Flusses auf elf Prozent. Ungefähr zur Zeitenwende, vor 2000 Jahren also, sprach der Beamte Zhang Rong aus Chang'an von sechs bis zehn Prozent. Ein amerikanischer Wissenschaftler, Professor W. C. Lowdermilk, der in den zwanziger Jahren an der Universität Nanjing lehrte, gab sich mit solch groben Schätzungen nicht zufrieden. Er untersuchte an verschiedenen Abschnitten des Flusses das Ausmaß seiner Verschlammung. Das Ergebnis seiner exakten und gründlichen Experimente, die er zu Hochwasserzeiten vornahm, verblüffte zunächst ihn selbst, dann seine Fachkollegen, die seinen Bericht in den wissenschaftlichen Zeitschriften lasen. Gleich nachdem die Flut ihren Höhepunkt erreicht hatte, entnahm er dem Fluß an drei verschiedenen Stellen Proben von je einem Liter. Er filterte das Wasser, trocknete die Rückstände bei einer Temperatur von 100° Celsius und wog sie anschließend. Er errechnete, daß der Schlamm in etlichen seiner Proben zwischen 14 und 22 Prozent des Gesamtgewichts ausmachte. Die Bauern mußten nicht erst solch aufwendige Untersuchungen vornehmen. Das Ergebnis kannten sie seit Jahrhunderten aus ihrer täglichen Erfahrung mit dem Gelben Fluß.

Vor mehr als 2000 Jahren war das Gebiet am Fluß Jinghe schon für sein leistungsfähiges Bewässerungssystem bekannt. Damals sangen die Bauern dort:

Reihen von Häusern sind in mehreren Etagen in die Hänge der Lößberge von Kaoxikou, Provinz Shaanxi, gegraben.

Reich an Schlamm ist das Wasser des Jinghe,
Bewässert unsere Felder, macht sie fruchtbar,
Reich sind die Ernten, die es uns schenkt,
Daß wir die Menschen in der Hauptstadt versorgen.

Ein besorgter Minister der Tang-Dynastie, zuständig für das Wirtschaftsressort, formulierte diesen Gedanken prosaischer. Er mahnte die Bauern, Wasser aus den Kanälen zu schöpfen und so ihre Felder mit dem lebensspendenden Naß und zugleich mit Dünger zu versorgen. Das mußte den chinesischen Bauern wahrlich nicht gesagt werden, weder von einem kaiserlichen Mandarin noch von einem fremdländischen Gelehrten. Sie hatten in harten Zeiten ihre Lektion gelernt. Jeder Überlebende einer Hungersnot kannte die grausamen Regeln des Flusses. Wann immer der Huanghe oder einer seiner schlammreichen Zuströme über die Ufer trat, bedeckte das Wasser im weiten Umkreis die Felder und zerstörte die kommende Ernte. Wenn die Fluten verebbten, ließen sie eine dicke Schlammschicht zurück. Im folgenden Jahr gab es nichts oder sehr wenig zu essen; große Teile der Bevölkerung verhungerten. Doch wie auch immer die Geschichte das nennt, Hohn, Spott oder List: Im nächsten Herbst gab es eine Rekordernte; einem Füllhorn gleich spendete die Erde ihre Gaben, mehr, als die Überlebenden der Hungersnot verzehren konnten. Die Bauern der Vergangenheit brauchten keine akademischen Titel in den Agrarwissenschaften. Welches Unheil der Huanghe anrichten konnte – das sahen sie mit eigenen Augen und spürten es im knurrenden Magen. Auch die Segnungen des Schlamms hatten sie jedoch begriffen und rechneten damit.

Der Fluch des Lößlands ist der Krebs der Erosion. In Gansu, Shaanxi und Shanxi reichen die Lößschichten am tiefsten. Hier haben die Flüsse und Ströme in die weiche Erde seltsame Formen gefressen. Die große Künstlerin Natur meißelte Gestalten, seltsam und bizarr, aus dem staubfeinen Material. Weite Teile des Landes – Wind und Regen und ablaufendes Wasser verstümmelten sie grauenhaft! Die Landschaft sieht aus, als habe ein verrückter Titan mit seiner Axt gewütet. Das Land zerbröckelt, den Elementen schutzlos preisgegeben, wird von reißenden Bächen in die Flüsse geschwemmt und füllt sie mit Schlamm. Auf seinem Weg zwischen Shaanxi und Shanxi sammelt der Huanghe mehr als die Hälfte seiner schlammigen Bürde. Zurück bleibt eine Alptraumlandschaft, ewig gezeichnet von Narben tiefer Schluchten und steiler Hohlwege.

Der Löß ist mehr als fruchtbares Ackerland. In einigen Teilen Chinas bildet er das schützende Dach der Bauernhäuser. Das bekannteste Beispiel ist Yan'an am Flusse Yanhe. Hier endete der Lange Marsch von Mao Zedong und seinen überlebenden Revolutionären. Zehn Jahre lang bildeten in die Lößhänge geschlagene Höhlen ihr Heim. „Warm im Winter, kühl im Sommer", rühmte sie Mao Zedong vor den wenigen Besuchern, die die gefährliche Reise nach Yan'an auf sich genommen hatten. Damals herrschte Krieg, kämpften die Kommunisten gegen die Japaner und gegen die Guomindang-Armee von Jiang Jieshi.

Noch immer leben Millionen Menschen in Höhlen. Nicht nur aus Wirtschaftlichkeit, auch Behaglichkeit ist der Grund. Bauholz ist teuer in dem baumlosen

HIROYUKI USAMI

Ein blühendes Rapsmeer breitet sich auf den Feldern eines Dorfes bei Yaotong aus.

Land. Das gilt auch für andere Baumaterialien. Erschwinglich sind nur die luftgetrockneten Ziegel aus den Lößhängen. So ist es am einfachsten, in die von der Erosion geschaffenen Erdwände Wohnhöhlen zu schlagen. Solche Quartiere sind keineswegs ein Notbehelf, es sind geräumige, dauerhafte Heime.

Die meiste Zeit sind sie sicher vor Überschwemmungen und anderer Unbill. In Gegenden, die von schweren Erdbeben heimgesucht wurden, kann die feste Lößerde jedoch gefährlich werden. Ein solches Beben erschütterte Shanxi im Jahre 1290. Es gilt heute noch als die schlimmste Naturkatastrophe aller Zeiten. Zeitgenössische Berichte sprechen von zwölf Millionen Toten. Viele Menschen wurden von den niederstürzenden Decken ihrer Lößbehausungen erstickt, andere ertranken in den Fluten, die anstiegen, weil Erdrutsche die Flüsse stauten. Die meisten aber starben wohl in der folgenden Hungersnot. Die Chroniken aller Dynastien vermerken in ihren Aufzeichnungen „Bergsturz" nach Erdbeben in den Lößlanden.

Links

In Qinghai leuchten Rapsfelder in der Sonne. Die Frucht, die bald geerntet werden kann, wird wegen des Öls geschätzt, das aus ihren Kernen gepreßt wird.

SEIGO OTSUKA

Die erleuchteten Eingänge der Höhlenwohnung im Dorf Kaoxikou, Shaanxi, heißen die heimkehrenden Bewohner willkommen.

代代洪水為患

Die Geißel der Dynastien

Im Jahre 2297 v. Chr. schwoll der Huanghe zu einer verheerenden Flut an. Ein Würdenträger namens Gun wurde, nachdem man ihm zum Minister für öffentliche Arbeiten ernannt hatte, beauftragt, das Reich vor Verwüstungen durch diesen Fluß, von dem das Leben der Menschen abhing, zu bewahren. Minister Gun plagte sich ab. Acht Jahre nach seiner Ernennung wütete der Fluß jedoch erneut, durchbrach die Dämme und überschwemmte das Land. Zwei Jahre später wurde der glücklose Gun verbannt. Dann, im Jahre 2286 v. Chr., erging eines von vier kaiserlichen Mandaten, die Landwirtschaft und das Erziehungswesen regelnd, an den Minister Yu. Er wurde mit der Aufgabe betraut, die Flüsse des Reiches zu regulieren. Von der Geburt des chinesischen Staatswesen an blieb die Kontrolle des Huanghe das Hauptanliegen seiner Herrscher. „Wer den Gelben Fluß beherrscht, beherrscht China", stellte der Große Yu fest – der Herrscher, dem die ersten wirkungsvollen Schritte zur Bändigung des Huanghe zugeschrieben werden, vor wohl 4000 Jahren. Seither verwandten die Großen des Reiches immer wieder viel Tatkraft darauf, die Wasser des Huanghe dem Willen der Menschen gefügig zu machen. Oft blieben die Anstrengungen vergebens und führten zu großen Verlusten an Menschenleben. Im Jahre 605 n. Chr. beorderten die Würdenträger der Dynastie Sui 200 000 Menschen nach Xi'an: Sie sollten dort einen Kanal graben. Der Eifer der kaiserlichen Aufseher war so groß, daß sich die Hälfte der 200 000 zu Tode schuftete.

Flut folgte auf Dürre, Dürre folgte der Flut. Dies war die traurige Regel in der Geschichte des Flusses.

Vier Leiden kennt das Volk:
Flut ist das erste, Dürre das zweite,
das dritte sind die Heuschrecken, Generäle das vierte.

Zwischen den Zwillingsseen Ngoring Nor und Gyaring Nor glänzt der Gelbe Fluß silbern. Das Land hier ist sumpfig, windgefegt und öde – eine rauhe Lebenswelt für die Nomaden, die immer noch über die Ebenen ziehen.

Ein Hauch von Schönheit inmitten der trostlosen Einsamkeit des Songpan-Sumpfes.

Ein altes Bauernwort unbekannten Ursprungs lautet so.

„Chinas Sorge" hieß dieser Fluß, mit gutem Grund. Alte Aufzeichnungen erzählen wieder und wieder, wie die Fluten in regelmäßigen Abständen über das Land stürzten, die Ernte verschlangen, Millionen zu langsamem Hungertod verdammten. Das geschah im 2. Jahrtausend v. Chr. unter dem Herrscher Shao Kang der Dynastie Xia. Und das gleiche schreckliche Geschehen ereignete sich 1943/44, als während der großen Henan-Hungersnot drei Millionen Menschen umkamen. „Chinas Sorge" – niemals trug ein Fluß seinen Namen mit mehr Recht!

Fluten bildeten nicht die einzige Gefahr für das Leben der Menschen, die in dem großen Tal und in den alluvialen Ebenen dort lebten. Unheil brachte die Natur in vielerlei Gestalt – Erdbeben waren eine weitere. 193 v. Chr. bäumte sich die Erde auf, als Shanxi von einem gewaltigen Beben heimgesucht wurde. Es war, als sei der legendäre Drache des Flusses zum Leben erwacht. Im selben Jahr, als die Ufer in den Fluß stürzten und die Lößklippen niederbrachen, trocknete Dürre das Land aus. Verzagt erinnern gelehrte Berichte aus dieser Zeit daran, wie Gewitterwolken über dem Lande drohten, wie die Jahreszeiten sich verkehrten: Blüten und Früchte prangten im strengen nördlichen Winter. In vier Jahren der Dürre blieben die Wasser des Huanghe das einzige lebensspendende Naß. Und dann, gleichsam als Strafe des Himmels für die Menschen, starb der Kaiser. Wenige Jahre danach kam eine derart gewaltige Überschwemmung, begleitet von Bergstürzen und Beben, daß das Jahr 179 v. Chr. noch heute als das Jahr der Großen Flut gilt.

Viele weitere Jahre schrieben Tragödien in die Geschichte des Flusses. Der Zyklus der Jahresabläufe bewegte sich von Dürre zu Flut und von Flut zu Hungersnot. 138 v. Chr. verursachten Überschwemmungen in Shandong eine solch verheerende Hungersnot, daß sich kaiserliche Würdenträger über das Ausmaß des darauffolgenden Kannibalismus entsetzten. Auch wegen der Heuschreckenschwärme, die gewöhnlich zu Zeiten der Dürre die Felder heimsuchten, mißriet die Ernte, und wegen der Plage durch Milliarden Raupen, die auf die heftigen Regenfälle folgten. Jede Heimsuchung verdarb das Korn, jede führte zu schrecklicher Hungersnot. Die historischen Aufzeichnungen sind lakonisch. „Erdbeben", lautete die Eintragung für das Jahr 88 v. Chr. „Große Dürre" sagen die Schriftzeichen neben der Jahreszahl 76 v. Chr. Für 66 v. Chr. wird vermerkt: „Hagelbrocken töten Menschen", „Große Seuche" für 48 v. Chr. Jede dieser knappen Eintragungen in den Annalen verhüllt das Leid und den Tod von Abermillionen Menschen.

Indes, auch Zeichen des Fortschritts erscheinen in den alten Schriftrollen. Im Jahre 54 v. Chr. wurden im Gebiet des Gelben Flusses staatliche Getreidespeicher errichtet – ein sicheres Zeichen dafür, daß die Ernte überreich ausgefallen war. Die Bauern, die das Land bestellt hatten, konnten Überschüsse zur Versorgung für künftige Hungersnöte bereitstellen. Alles in allem stellen die historischen Aufzeichnungen jedoch eine bedrückende Lektüre dar. – Die Dynastien kamen, und die Dynastien gingen, Vornehme erhoben sich zu Revolten, die Wellen der barbarischen Horden rollten von Norden und Westen über China hinweg; der Gelbe Fluß aber wogte vor sich hin: majestätisch, wild, unberechenbar.

JAPAN BROADCASTING CORPORATION (NHK)

Auf seinem Weg zum Meer bringt der Gelbe Fluß Hunderte Seen und Teiche hervor. Aus der Vogelperspektive spiegeln ihre kristallenen Wasser die Morgensonne wider.

HIROYUKI USAMI

Hydrologen und Ingenieure untersuchen jeden Kilometer des Flusses, der sich auf seinem ungestümen Lauf dreht und wendet und wütet. Hier, an seinem Oberlauf, wo das Wasser noch klar und frei von Schlick ist, entnimmt ihm ein Angestellter des Komitees für die Flußüberwachung eine Probe. Chemische Analysen erweisen, wie sich der Huanghe auf seiner langen Reise zum Meer verwandelt.

Die politischen Prioritäten der Herrscher änderten sich von Zeit zu Zeit. Die kaiserliche Verwaltung jedoch hatte zu allen Zeiten eine Aufgabe, die wichtiger war als alle anderen. Seit Anbeginn der Geschichte war einer der angesehensten Beamten im Reiche zuständig für das Wasser, und dem Huanghe galt hauptsächlich sein Augenmerk. Im Jahre 6 v. Chr. forderte der Kaiser Ingenieure und andere kluge Männer aus dem ganzen Reich auf, die Wasserläufe zu studieren und Mittel und Wege aufzuzeigen, durch welche diese nutzbar gemacht und die regelmäßigen Katastrophen abgewendet werden könnten. Überschwemmungen seien am leichtesten dadurch abzuwenden, daß das Wasser direkt und schnell in das Meer abgeführt werde, sagte der kompetenteste Sprecher, der Wasserbaufachmann Jia Rang. Eine weniger vorteilhafte Möglichkeit sei, die Gewalt des Flusses in Kanäle abzuleiten. Als letzter Ausweg könne der Huanghe durch hohe Deiche eingepfercht werden. – Diese drei Methoden, die Niederungen am Fluß zu schützen, blieben im Grunde bis heute unverändert. Deiche sind nie hoch genug. Unendlichen Anstrengungen zum Trotz stürzte sich der Gelbe Fluß im Jahre 722 n. Chr. abermals über die ihn begrenzenden Dämme und breitete sich „wie ein Binnensee" über die Ebene von Shandong aus. Das war nichts Neues. Die historischen Aufzeichnungen erweisen, daß er in 2000 Jahren wenigstens 1500mal die Deiche brach. Seine Zuflüsse richteten ähnliche Verheerungen an wie der Hauptstrom.

Wasserbauten brachten nicht nur den Bauern Wohlstand, sondern auch den Herrschern. Der Kanal des Zheng Guo wurde im Jahr 246 seiner Bestimmung übergeben. Von ihm wird behauptet, daß er dem Jin-Tal Wohlstand schenkte, Macht

nach Zentral-Shaanxi brachte, das Gebiet zu einer lebenskräftigen Wirtschaftszone machte und Qin Shihuang die wirtschaftliche Basis gab, die er benötigte, um seine Kräfte entfalten zu können, mit denen er Kaiser wurde, die Dynastie gründete und das Reich einte.

Schon lange vorher sangen die Bauern auf den Feldern im heutigen Kreis Henei in Henan, während sie ihre Felder bestellten:

Ye hat einen weisen Herrn,
Shi heißt er mit Namen.
Er leitet den Fluß Zhang ab, um Ye zu bewässern,
und auf ewig dürrem Boden wachsen Reis und Sorghum jetzt.

Wenigen Politikern oder Beamten werden heutzutage solche Loblieder gesungen!

Jahrhundertelang glaubten die Menschen, die an den Ufern des Flusses lebten, das segenstiftende oder verderbenbringende Wirken des Flusses spiegele das Urteil der Götter über ihre politischen Führer wider. Im Guten wie im Schlechten hingen politische Schicksale eng damit zusammen, ob das Wasser des Huanghe stieg oder fiel. Ein gleichmäßiger Strom des Wassers bedeutete gute Ernten, einen steigenden Lebensstandard, Wohlstand und Stabilität. Flut oder Dürre bewirkten Elend und Not, Hungertod und wirtschaftlichen Niedergang. War das Volk wohlgenährt, dann konnte der Herrscher ruhig schlafen. Brachte der Fluß aber Unglück, dann tat ein kluger Herrscher alles, was in seiner Macht stand, um das Volk zu besänftigen.

In einem Jahr des Unheils bemühte sich der kaiserliche Hof unablässig, den Notleidenden zu helfen. Im Jahre 1529 wütete in Henan eine große Hungersnot. Ein

Folgende Seiten

Trotz seiner Wildheit und seiner unvorhersehbaren Launen blieb der Huanghe immer eine Lebensader für Handel und Wandel. Das Bild *Das Frühlingsfest am Fluß* aus dem 12. Jahrhundert schildert, welche Bedeutung der Fluß im Alltagsleben hatte.

BRITISH MUSEUM/NEWSWEEK

Die Fee vom Flusse Luo, ein Bild von Gu Kaizhi aus dem 4. Jahrhundert, zeigt die Liebesbegegnung eines Dichters mit der Flußgöttin, einem Zauberwesen voll Zartheit und entsetzlicher Wut. Dermaßen zwiespältig sah China stets seine Flüsse. Die Abbildung gibt eine Kopie aus dem 12. oder 13. Jahrhundert wieder.

FREER GALLERY/AMERICAN HERITAGE

Oben und rechts

Bei Festen, die so alt sind wie die Zeiten, in welchen die Hunnen Nord-Shaanxi bedrohten, bringen reisende Gaukler farbige Tupfer in das dörfliche Leben. Zum Krachen des Feuerwerks und zu den dröhnenden Trommeln wiegen sich junge Mädchen in übermütigen Tänzen, in leuchtende Seiden gehüllt. Lokale Überlieferungen führen diese Tänze darauf zurück, daß die Mädchen im Tanz die Männer zum Kampf gegen die barbarischen Eindringlinge ermutigen sollten. Heute tanzen sie nur zum Vergnügen. Während des Neujahrsfestes werden in irdenen Figürchen Lichter entzündet, deren Schein unheimlich durch die Dörfer flackert. Sie erinnern daran, daß die Han-Chinesen den Grenzstämmen beibrachten, wie man Kohle abbauen und als Nahrung für die Herdfeuer nutzen kann.

Mandarin namens Lin Xiyuan reichte dem Herrscher einen detaillierten Plan zur Bekämpfung der Hungersnot ein, der verschiedene Schritte verlangte. Er wollte zunächst Sonderbeauftragte aussenden. Deren vordringlichste Aufgabe sollte sein, das betroffene Gebiet zu untersuchen und herauszufinden, wie viele Menschen betroffen waren. Sobald das Ausmaß des Unheils erkannt sei, sollten die Menschen je nach dem Stand ihrer Not in drei Gruppen eingeteilt werden. Den Hungernden sollte Korn, den Notleidenden Geld und den Bedürftigen eine Anleihe gegeben werden. Lins Programm sah vor, unter die Hungernden gekochten Reis zu verteilen, den Kranken Medikamente zu verabfolgen und den Genesenden Suppe einzuflößen. Die Toten sollten begraben, die Häftlinge begnadigt und Maßnahmen zur Geburtenkontrolle praktiziert werden. Das fiskalische Programm, das dieser Beamte der Ming-Dynastie entwarf, ähnelte verblüffend demjenigen während der großen Weltwirtschaftskrise, die genau vier Jahrhunderte nach dem Unheil von 1529 in Henan die westliche Welt erschütterte. Er drängte die Regierung, Geld bereitzustellen, um je nach dem Stand der Getreideversorgung Korn zu kaufen oder zu verkaufen und durch ausgedehnte öffentliche Arbeiten für Arbeitsplätze zu sorgen. Die Bereitstellung von Vieh und Saatgut sollte das Wirtschaftswachstum fördern. Getreidespekulation und das Horten von Reis wurden mit strengen Strafen bedroht. – Macht hing am Gelben Fluß immer mit allgemeinem Wohlergehen zusammen. Ein Herrscher, der seinen Thron bewahren wollte, strebte danach, in den Städten wirtschaftliche Stabilität zu gewährleisten und in den Dörfern volle Nudelschalen.

Niemals hing Politik so sehr mit Leben und Lebenshaltung der Menschen am Fluß zusammen wie im Juni 1938. Oft waren über die Jahrtausende hinweg der Strom und seine Zuflüsse als Mittel zur Kriegsführung benutzt worden. Niemals jedoch in diesem Ausmaß! Eindringende japanische Armeen überrannten die Nordchinesische Tiefebene – in dem letzten einer Reihe von Feldzügen gegen China. Diese hatten mit dem Chinesisch-japanischen Krieg von 1894/95 begonnen, dessen Folge die Abtretung Taiwans an Japan war. Und gerade sechs Jahre zuvor hatten sie die Mandschurei militärisch besetzt und dort einen Marionettenkaiser eingesetzt. Die Nationalen Armeen der Guomindang waren offenbar unfähig, die Reihen der vorrückenden Japaner zum Stillstand zu bringen. Sie beschlossen, den Feind durch die furchtbare Gewalt des Huanghe zu stoppen.

Im Juni 1938 war das Bett des Gelben Flusses bis an den Rand gefüllt. Die sommerlichen Regenfluten über Shanxi und Shaanxi und die Schmelzwasser aus dem Hochland von Qinghai hatten seine Fluten ansteigen lassen. Plötzlich tauchten in dem kleinen Dorf Huayangkou, einem Bauerndorf im Schatten der Deiche, Soldaten auf. Diese Soldaten bohrten Löcher in die Deiche, die den Fluß zurückhielten. In die Löcher legten sie Sprengladungen, Tunnel durchzogen die Erdwälle, die Jahrhunderte aufgetürmt hatten – mit gewaltigem Aufwand an Schweiß und Tränen. Die Soldaten forderten die Bauern auf zu verschwinden: Die Deiche würden brechen. Der Gelbe Fluß sollte das Land überschwemmen und die Invasoren aufhalten. Nur wenige Bauern verließen ihre Dörfer. Sie besaßen kein Geld, keine Zufluchtsstätte. Sie besaßen bloß das Korn, das auf den Feldern reifte, und die erbärmliche

SEIGO OTSUKA

YASUHIRO HAYASHI

Er war beim Langen Marsch durch die schrecklichen Sümpfe des Todes auf der Ebene von Songpan dabei. Zhang Xiaojian wurde jedoch zu krank, um bei der Roten Armee zu bleiben. Er heiratete eine Tibeterin, gründete eine Familie, paßte sich der neuen Umwelt an. Ein halbes Jahrhundert, nachdem er Mao Zedong und Zhu De hatte ziehen lassen müssen, singt er immer noch die alten Marschlieder. Diese hatten ihm und einer ganzen Generation junger Chinesen geholfen, das Heldenepos des Langen Marsches, das den Lauf der asiatischen Geschichte veränderte, durchzustehen.

Habe in ihren Hütten. Aufbrüllend barsten die Deiche. Gelbe Schlammfluten schossen durch die klaffenden Löcher über die Lande, die unter dem Wasserspiegel des Flusses lagen, fegten über die Ebenen hinweg. Nichts konnte die Flut hemmen. – Die Ironie der Geschichte will, daß auch die Japaner nicht zu hemmen waren. Sie rückten ebenso unaufhaltsam vor wie das steigende Wasser.

Niemand weiß, wie viele ertranken. Die Fluten stiegen und schlossen Familien in ihren Hütten ein. Erreichte das Wasser den Dachfirst, versuchten die Menschen auf ihren Möbelstücken, die ihnen als Floß dienten, zu fliehen. Die meisten starben. Vielleicht noch größeres Leid widerfuhr den Überlebenden. 12,5 Millionen Menschen wurden obdachlos. Sie hatten ihr Land aufgeben müssen, irrten auf Nahrungssuche umher. Historiker fanden heraus, daß diese von Menschen verursachte Überschwemmung wenigstens 890 000 Menschen das Leben gekostet hatte.

Die hilflosen Bauern, die in den Spielen der Mächtigen als Unterpfand gedient hatten, vergaßen nicht, wer der Urheber ihres Unglücks gewesen war. In den Ebenen von Henan und Shandong, die unter der Überschwemmung gelitten hatten, währte die Macht der Guomindang nicht lange. Nach der Niederlage Japans 1945, während der kurzen Waffenruhe im Bürgerkrieg, standen die Gebiete dort zwar nominell unter der Herrschaft der Guomindang, die kommunistischen Untergrundkämpfer konnten bei ihren Aktionen jedoch immer auf die Unterstützung der Bauern zählen. Als die Achte-Route-Armee 1948 heranstürmte, um dem Gebiet die kommunistische Herrschaft zu bringen, befand sich dessen größter Teil bereits unter der Kontrolle der Kommunisten. Generalissimo Jiang Jieshi hatte allem Anschein nach jedoch wenig, wenn überhaupt etwas, aus dem gescheiterten früheren Versuch, den Fluß als Waffe zu nutzen, gelernt. Während sein Regime dem Ende entgegentaumelte, planten die Guomindang-Militärs abermals, die Deiche zu brechen – dieses Mal, um die Volksbefreiungsarmee bei ihrem siegreichen Vormarsch aufzuhalten. Im fernen Yan'an, viele Kilometer stromaufwärts an dem Nebenfluß Yanhe, hörte Zhou Enlai, der herausragende kommunistische Politiker, voller Schrecken von diesem Plan. Als vorsichtiger Realist, der der künftige Ministerpräsident der Volksrepublik China war, wußte er einen Ausweg: Er hatte erkannt, daß Jiang Jieshi wegen der Erinnerungen an die tod- und elendbringende frühere Flut bei einigen seiner westlichen Helfer ins Zwielicht geraten war, besonders bei den Vereinigten Staaten, seiner Hauptquelle für Waffen und Geld. Den Guomindang, überlegte Zhou, sei gleichgültig, was die erneute Überschwemmung für die Millionen hilfloser Bauern bedeute; sei jedoch der Zustrom von Geld und Waffen aus Amerika bedroht, könnte sie das innehalten lassen. – Zhou Enlai schickte aus Yan'an einen der bemerkenswertesten Männer auf die Reise, die jemals mit der Roten Armee marschiert waren, den in New York geborenen Doktor George Hatem. In ganz China unter seinem chinesischen Namen Dr. Ma Haide bekannt, hatte er die Überlebenden des Langen Marsches behandelt. Dr. Ma fuhr nach Beijing, dann nach Shanghai. An beiden Orten sprach er mit Auslandskorrespondenten aus der ganzen Welt. Dr. Ma erklärte den Reportern geduldig, was geplant war, er nannte ihnen Zeiten und Orte und Einzelheiten darüber, wo die Deiche erneut brechen sollten, und er erinnerte an die schrecklichen Folgen der Flut von 1938. Die Reporter befragten nicht nur die Beamten der Nationalregierung, sondern auch deren amerikanische Berater, ebenso amerikanische Politiker. – Der Versuch, die Deiche aus politischen Gründen zu zerstören, erfuhr zunehmend Ablehnung, ja Abscheu. Voll Angst, ihre Unterstützung zu verlieren, und besorgt über den internationalen Skandal, den eine Wiederholung der Geschichte auslösen würde, zogen sich die Streitkräfte der Guomindang nach Süden zurück. Der Gelbe Fluß blieb in seinem Bett.

Selten hat der Mensch, oft die Natur den Lauf des Gelben Flusses geändert. Nahe der Stadt Dongbatou in der Provinz Henan blieb der Huanghe in den letzten fünfhundert Jahren in seinem Bett. Ein Stück flußabwärts liegen die Dinge anders. Im Jahre 1855 durchbrach der Fluß hinter Dongbatou seine Deiche und suchte sich einen neuen Lauf. Durch die Zeitalter hindurch lagen die Mündungen des Gelben Flusses an der Küste wohl 1500 Kilometer voneinander entfernt. Manchmal spie er seinen Schlamm in das Meer nahe Tianjin im Norden, dann wieder entlud er sich weiter südwärts durch den Fluß Changjiang, über das Tal des Huaihe. Dieses Gebiet, das mehr als 250 000 Quadratkilometer ausmacht, mehr als ganz Japan, erlebte nicht weniger als 26 Veränderungen des Flußlaufes in den vergangenen 2000 Jahren. Jede brachte Unheil über Millionen. Ein Reisender, der heutzutage über diese Ebenen fliegt und aus dem Fenster seines Flugzeugs niederblickt, kann bei gutem Licht die Landschaftsformationen erkennen. Sie gleichen Quirlspuren in einem dicken Brei. Muster ziehen über das Antlitz der Felder, die sich, mit Weizen und Gemüsen bestanden, bis an den Horizont erstrecken. Diese lockenartigen Windungen sind die längst vergessenen ehemaligen Flußbetten des Huanghe.

SEIGO OTSUKA

Inmitten tosender Wirbel schwankt eine Fähre hin und her, während die Ruderer das Boot auf Kurs zu halten versuchen. Fähren gibt es in allen Formen und Größen. Flöße aus Schafhäuten sind eine Form, riesige drahtseilgezogene Plattformen eine andere.

追溯已往

Die Wiederbelebung der Vergangenheit

Die ersten Kulturen auf dem Boden Chinas formten sich an den Ufern des Gelben Flusses lange bevor dort eine schriftlich überlieferte Geschichte einsetzt, vor der Eisenzeit, vor der Steinzeit, vor der letzten Eiszeit. Große Städte wuchsen aus dem Boden, Kulturen blühten auf. Unübersehbar erinnern heute zusammengestürzte Mauern langvergessener Städte an den Ufern des Flusses an das Erbe der Vergangenheit. Jede Kultur legte sich über die Reste einer anderen, die vergangen war. An manchen Ausgrabungsstätten zeichneten sich sechs verschiedene Zeitalter ab, die mehr als 3400 Jahre zurückreichen.

Am ganzen Fluß graben Menschen nach der Vergangenheit. Jede Stadt und jede Provinz hat neugierige und emsige Archäologen beauftragt, den Glanz der Vergangenheit, der sich unter den Staubschichten der Zeit verbirgt, wiederzubeleben. Die Archäologen fanden viel, eine Menge bleibt unentdeckt. Ein großer Teil der Vergangenheit ist ohne Zweifel für immer vergangen, unwiederbringlich, so klagen chinesische Wissenschaftler.

Verantwortlich hierfür ist wenigstens teilweise die Geographie dieses Herzlandes des chinesischen Volkes. Die Hauptstädte solch glorreicher Dynastien wie der Qin, Han, Sui und Tang lagen am Mittellauf des Flusses, wo im Laufe der Jahrhunderte der antreibende weiche Schlamm das Land gebildet hatte. Sie bauten ihre Tempel und Gedenkstätten, ihre Paläste und Lusthäuser aus Holz, denn Granit und Marmor waren unbekannt. Holz aber modert im Laufe der Jahre, es brennt nieder, wenn Eindringlinge eine Stadt plündern, wird von Insekten zerfressen. Marmorglanz wie im alten Griechenland entstand in China nicht – aus dem einfachen Grunde,

Diese Figur eines Bogenschützen wurde 1977 ausgegraben. Von Lebenskraft erfüllt, scheint er auf dem Sprung zu sein, zur Verteidigung seines Kaisers aufzubrechen. Noch heute sind Spuren der ursprünglichen Bemalung zu sehen.

In stiller Verehrung ihrer Göttin steht diese Dienerin aus Ton im Jinci-Kloster in Shanxi da – bereit, der Heiligen Mutter aufzuwarten. Der gewaltige Komplex nahe Taiyuan, der Hauptstadt von Shanxi, ist eines der wichtigsten Zeugnisse sakraler Architektur und Skulptur in China. Die Verehrung der Dienerin gilt der Mutter des Prinzen Shuyu aus der Zhou-Dynastie. Der Tempel wurde freilich erst in der Song-Zeit errichtet.

weil es im Tal des Gelben Flusses keinen Marmor gibt. Schlick indes gab es reichlich und jede Menge Ton. Aus diesen formten die frühen Chinesen eine Keramik, in der sich ihr künstlerischer Feinsinn am ehesten offenbarte. Inmitten des tiefen Löß, der sich schützend über eine sterbende Kultur breitete, liegen wunderbare Schätze der Keramik verborgen, bereit, von Menschen entdeckt zu werden, die ihren kulturellen Wurzeln nachspüren. Diese irdenen Waren sind mehr als bloßer Zierat. Zu ihnen gehören Krüge, Löffel, Schalen und Kochgeschirre, notwendige Gegenstände für das Alltagsleben. Auch das Leben des einfachen Volkes läßt sich in diesen dicken Erdschichten also entdecken.

Ebenso Zeugnisse vom Dahinscheiden von Königen. Von allen archäologischen Wundern, die auf Erden je enthüllt wurden, erregte kaum eines Gelehrte und Laien mehr als die staunenerregende historische Schatzkammer, die durch Zufall nahe der alten Hauptstadt Chang'an ans Licht kam, beim heutigen Xi'an. Das Ereignis war nur mit der Öffnung des Grabes des ägyptischen Pharaos Tutenchamun zu vergleichen. Was bei Xi'an gefunden wurde, bildete lediglich den kleinen Teil eines gewaltigen archäologischen Bestandes, dessen größeren Teil die Erde noch verhüllt, die Erde, welche die Gegenstände vor der Verwitterung durch die Natur bewahrt hat und vor dem noch schrecklicheren Wüten der Menschen. Der Schöpfer Mensch ist ja zugleich auch immer der Zerstörer Mensch. Oft bewegte ihn der Wunsch, den Glanz vergangener Herrschaften auszulöschen, damit die Errungenschaften der neuen sich um so strahlender abhöben.

Die erhaltenen Annalen der Han erzählen solch eine Episode aus der Zeit kurz

Kopflos, von Vandalen geschändet, stehen diese kraftvollen Hofleute und Krieger Wacht. Sie geleiten den Besucher zu der Grabstätte Qianling in der Umgebung von Xi'an.

YASUHIRO HAYASHI

Ortsansässige Handwerker gestalteten diese kunstreiche Decke in einem Schauspielhaus aus der Song-Zeit. In ihrer Pracht schwingt sie sich über ein Forum, auf dem historische Schauspiele aufgeführt wurden.

YASUHIRO HAYASHI

Ein Fliesenmacher aus Linxia formt geduldig und nach überkommenen Mustern eine Fliese, die eine Moschee schmücken soll. Die auffällige weiße Kopfbedeckung eines Moslems tragend, gibt er sich als Angehöriger der Hui-Minorität zu erkennen. Diese lebt verstreut im Gebiet von Qinghai bis flußabwärts nach Henan.

vor 200 v. Chr. Die lange Herrschaft der Han strebte in Verrat und Gier einem chaotischen Ende zu. 189 war der Kaiser gestorben. Der Bruder der Kaiserin rief nach einem General namens Dong Zhuo, damit der einen Aufstand der Eunuchen unterdrücke. Anstatt sich für die verwitwete Kaiserin einzusetzen, brachte General Dong Zhuo diese Frau in seine Gewalt. Ihren Sohn, einen Knaben, der bereits zum neuen Kaiser ausgerufen war, nahm er mit. Der General hatte anderes im Sinn: Er setzte den legitimen Thronerben ab, ließ dessen Mutter Gift verabreichen und setzte einen Halbbruder des Thronerben, der von einer Konkubine stammte, auf den Drachenthron. So brach er die Macht eines einflußreichen Rivalen. In den anschließenden Kriegen und Feldzügen gab General Dong Zhuo später Luoyang als Hauptstadt auf und zog „mit einigen Millionen Menschen" nach Chang'an um. Bevor er abzog, setzte er Luoyang in Brand, schändete die Gräber der vornehmen Familien, raubte die kaiserlichen aus und machte die Stadt dem Erdboden gleich. Seine plündernden Soldaten besorgten den Rest, Jahrhunderte voll Kultur und Kunst erloschen. Ein solches Schicksal widerfuhr Chinas alten glanzvollen Zentren oft.

Die jüngste Welle blinder Zerstörungswut, die kostbare Relikte chinesischer Vergangenheit niedertrampelte, bildeten die mondsüchtigen Roten Garden. In dem düsteren Jahrzehnt der Großen Proletarischen Kulturrevolution taten Millionen eifriger, aber hirnloser Jugendlicher ihr Bestes, um auszulöschen, was sie mit böser Kritik die Vier Alten nannten. Sie zerstörten viel, doch das historische Erbe ist so reich, daß auch Millionen grölender, wildgewordener Radikaler es nicht gänzlich auslöschen konnten. In der Tat, vieles wurde in Sicherheit gebracht vor diesen Heerscharen von Irregeleiteten. Es blieb diesen Kindern mit ihren roten Armbinden ebenso verschlossen wie in den Jahrhunderten zuvor, in denen die Grotten der Zeit Chinas Schätze vor anderen Wilden schützten, die sie entweihen wollten. Diese Schätze lagen dort, wo sie am sichersten waren, umfangen von dem tiefen Lößboden der Nordchinesischen Tiefebene.

Vor einem Jahrzehnt stolperten Kommunebauern, die einen Brunnen gruben, über eine unterirdische Armee. Reihe um Reihe stolzer Soldaten bewachten ihren Herrscher, Qin Shihuang. Dieser Kriegerfürst war 21 Jahrhunderte zuvor gestorben. Um sein Grab zu schützen, wurde jene Armee von Terrakotta-Kriegern geschaffen. Generationenlang hatten ortsansässige Bauern und Gelehrte aus fernen Gegenden gleichermaßen über diesen gewaltigen Hügel, der der Berg Lishan heißt, geraunt: Seine Kuppe, so hoch wie ein fünfzehnstöckiges Gebäude, berge unermeßliche Schätze. Vor der zufälligen Entdeckung durch die Bauern hatte jedoch niemand ernsthaft versucht, tiefer in seine Geheimnisse einzudringen. Sobald die aufgeregten Brunnenbauer aus der Höhle, in die sie gestürzt waren, wieder hervorgeklettert kamen und die von ihnen erahnten Wunder verkündet hatten, legte die Zentralregierung schleunigst einen Sicherungsgürtel um die Stätte. Er sollte Räuber und Antiquitätenjäger abhalten, ein wieder auftauchendes Kapitel aus Chinas jüngster Vergangenheit zu zerstören.

Nach zehnjähriger Arbeit tritt allmählich die ganze Armee des Kaisers, der als erster das damalige China vereint hatte, vor die Augen des Betrachters. Sie zählt

Vorhergehende Seiten

Die Könige der Westlichen Xia herrschten über ein glanzvolles Reich, reich an Kultur und Natur, am Großen Bogen in der Nähe des Hui-Gebietes von Ningxia. Ihr Auftritt auf der Bühne der Geschichte endete, als die Mongolen herangestürmt kamen. Diese fegten das Reich der Westlichen Xia hinweg, so wie sie viele andere Kulturen zerstört hatten. Wissenschaftler rätseln immer noch über die Geheimnisse ihrer Schrift und der einsamen Grabhügel, die ihrer alten Herrscher gedenken.

TSUGUSATO OMURA

GEORGE HOLTON/PHOTO RESEARCHERS INC

Heute von einem gewaltigen, hangarähnlichen Dach geschützt, wurde die Tonarmee des Kaisers Qin Shihuang, die dessen Grab schützen sollte, im Jahre 206 v. Chr. von Rebellen beschädigt.

GEORGE HOLTON/PHOTO RESEARCHERS INC

Die gewissenhaften Ausgrabungen dauern seit 1974 an, als die ersten Tonsoldaten von Bauern entdeckt wurden, die einen Brunnen bohrten. Statt Wasser fanden sie Bruchstücke von Tonfiguren.

Rechts

Die Tausende tönerner Wächter wurden in Massenproduktion hergestellt. Das tat ihrer Kunstfertigkeit keinen Abbruch. Diese offenbart sich in dem Naturalismus dieses unbewaffneten Bogenschützen.

8000 Mann, eine machtvolle Leibgarde also. Viele Kameraden dieser Soldaten, dazu Diener und Wagenlenker, stehen noch unentdeckt in der Nähe Wache unter dicken Schichten unberührter Erde. Die chinesischen Archäologen, die für die Grabung verantwortlich sind, und ihre emsigen und eifrigen Assistenten, die aus Museen und Universitäten der ganzen Welt eingeladen wurden, gehen die Sache ganz vorsichtig und behutsam an. Nach 2200 Jahren hat es die Armee des Kaisers nicht eilig. Fachleute im Westen rühmen die systematische Vorgehensweise der chinesischen Wissenschaftler, die geduldig und ohne Hast weitergraben. Und Wissenschaftler wie Laien erfreuen sich an dem Museum, in dem diese Relikte eine neue, sichere Heimat fanden.

Die Lage des Grabes wurde zur Zeit der Grablege des Kaisers Qin Shihuang gut dokumentiert. Ein Jahrhundert nach diesen Vorgängen verzeichnet der Han-Historiograph Sima Qian, der Kaiser habe die Arbeiten an seiner letzten Ruhestätte beginnen lassen, als er noch von gewaltiger Lebenskraft erfüllt war:

> Sobald der Erste Kaiser den Thron bestiegen hatte, begannen die Erdarbeiten und die Bauten am Berge Lishan. Nachdem er das Reich geeint hatte, arbeiteten hier mehr als 700 000 Fronarbeiter aus allen Teilen des Reiches. Sie schufen ein Bett für drei unterirdische Quellen und bereiteten geschmolzenes Kupfer für den

SETH JOEL/WHEELER PICTURES

Von einem Panzerhemd geschützt, tut dieser Wagenlenker seine Pflicht (oben); ein Offizier, der an der Spitze eines Trupps Soldaten steht (rechts).

Vorhergehende Seiten

Ein Reiter und sein Pferd: Beide wurden 1977 nebeneinander ausgegraben.

SETH JOEL/WHEELER PICTURES

SETH JOEL/WHEELER PICTURES

Trotz ihrer Vielzahl wurden die Wächter des Kaisers mit erstaunlicher Detailfreude modelliert. Dieser kniende Bogenschütze erlaubt den Archäologen seltene Einblicke in die Kleidung und die kunstvollen Haartrachten einer frühen Zeit.

Rechts

Ein dreifüßiges Gefäß zum Erhitzen von Wein, im 13. oder 12. Jahrhundert v. Chr. in Bronze gegossen. Seine Form stellt offensichtlich eine Fortentwicklung viel älterer Gefäße aus Ton dar, die vielleicht 7000 Jahre alt sind.

> äußeren Sarg. Das Grabinnere wurde gefüllt mit Nachbildungen von Palästen, Pavillons und Amtsgebäuden; hinzu kamen schöne Gefäße, kostbare Steine und Geschmeide . . . Alle Ströme des Landes, der Gelbe Fluß und der Changjiang, wurden in Quecksilber nachgebildet, und eine sinnreiche Vorrichtung sorgte dafür, daß sie in einen kleinen Ozean strömten. Oben glänzten die Sterne des Firmaments, und unten waren die Regionen der Erde nachgebildet.

Um diese riesige Schatzkammer zu schützen, bauten geschickte Handwerker Reihen von gespannten Armbrüsten ein, an denen sie verborgene Selbstauslöser befestigten. Diese sollten Eindringlinge in das Totenreich schicken. Plünderer jedoch hielten solche Schutzvorrichtungen natürlich nicht ab.

Einige Archäologen glauben, die individuell gestalteten Terrakotta-Gestalten seien von den Hofkünstlern nach lebenden Mitgliedern des herrscherlichen Hofstaates geformt worden. Sie vermuten ebenfalls, daß diese Armee bloß eine von vier begrabenen Formationen ist, die Qin Shihuang auf seiner letzten Reise begleiteten. Chinesische Architekten und Bauherren achteten nämlich stets auf Balance, darauf, daß Ordnung und Symmetrie in den Dingen herrschten. Die begrabene Garde stand 1500 Meter genau östlich des Grabhügels, unter welchem der Kaiser lag. Ob nicht noch andere Krieger, Hofleute, Diener, Konkubinen, vielleicht Würdenträger dem Kaiser ihre Aufwartung machen – in unterirdischen Behausungen nördlich, westlich und südlich des Grabes? Großartige Kulturschätze wären noch zu finden! Neuere Funde bestätigen solche Mutmaßungen.

Viele Experten sind der Meinung, die nahe Xi'an gefundenen Gestalten seien einfach deshalb so naturgetreu modelliert worden, weil keine lebenden Menschen mit dem Herrscher begraben werden sollten. Dies war die Praxis früherer Dynastien gewesen. Unter diesen geleiteten oft Krieger, Frauen, Diener und Pferde die Könige ins Grab. Sie alle wurden lebendig begraben. Der angesehene deutsche Missionar und Gelehrte Dr. Ernst Faber behauptete jedoch in seiner umfangreichen und meisterhaften „Geschichte Chinas", die 1902 posthum veröffentlicht wurde, daß Qin Shihuang nicht nur von Gestalten aus Stein und Ton in die Nachwelt begleitet wurde. Nachdem der große Reichseiniger 209 v. Chr. gestorben war, errichtete sein Sohn, Ershi, dem Vater ein Mausoleum – einen riesigen unterirdischen Palast, mit gewaltigen Schätzen aus Gold und Edelsteinen angefüllt. Mehrere hundert junge Konkubinen – und nur die Schönsten wurden hierfür ausgewählt! – wurden in das Grab, das die „Seelenstadt des Qin Shihuang" hieß, getrieben, bevor sich dessen Pforten schlossen. – Wenn das stimmt, werden sich ihre Gebeine inmitten von Gold und Jade finden, sobald die Archäologen das Innerste im Heiligtum des Mannes öffnen, der China erstmals einte.

Aus vielen Gründen wurden in China Metropolen und Städte von ihren Bewohnern verlassen und aufgegeben. Auf den tausend Kilometern des Flußtals von Shaanxi bis zur Küste liegen die Überreste von Dutzenden von Städten begraben. Sie bilden einen Schlüssel zu der verlorenen Vergangenheit. Wie tief aber liegen sie, nach 35 Jahrhunderten, unter den Schleiern der Erde? Seit die Xia und die Shang herrschten, schichteten die Fluten des Huanghe und der ständige Fall lößbildenden

Ein starres, detailliertes, manchmal sogar quälendes Ritual war eine der Säulen der Shang-Dynastie. Sogar solche Kunstwerke wie dieser Weinpokal gewannen eine religiöse Bedeutung, die von der ursprünglichen Zweckbestimmung weit entfernt ist.

FREER GALLERY/LAURIE PLATT WINFREY INC

Eine der aufregendsten Entdeckungen chinesischer Kunst im 19. Jahrhundert war der Fund dieses Nashorns aus Bronze, das aus dem 11. Jahrhundert v. Chr. stammt. Bemerkenswert genau wurden Gestalt und Einzelheiten dieses Tieres geformt. Die Künstler der Shang besaßen eine subtile Kenntnis der sie umgebenden Natur.

BRUNDAGE COLLECTION/LAURIE PLATT WINFREY INC

SEIGO OTSUKA

Die sichere Beherrschung künstlerischer Ausdrucksmittel, die sich an den Tonkriegern des Qin Shihuang erweist, zeigen bereits die harmonischen Proportionen dieses irdenen Gefäßes, das zum Vermächtnis des Bronzezeitalters in China gehört.

FREER GALLERY/LAURIE PLATT WINFREY INC

Dieser reichverzierte Elefant, gleichfalls ein Gefäß, illustriert, wie vertraut die frühen chinesischen Künstler mit der Natur waren. Brachten Reisende, Kaufleute die ersten Beschreibungen dieser Wundertiere an den kaiserlichen Hof? Wahrscheinlich lebten damals in China noch Elefanten.

SEIGO OTSUKA

Gewichtig und nahrhaft – große Weizenbrote bilden in den nordchinesischen Ebenen die Basis jedes Essens. Reis wird hier selten gegessen. Mantou, gedämpfte Brötchen, gehören zu jeder Mahlzeit, ebenso sättigende Nudelgerichte, die aus dem gleichen kraftspendenden Korn hergestellt werden. Wo das Land keinen Weizen trägt, wachsen Hirse oder Gerste. Wissenschaftler, die Körner aus weit vorchristlicher Zeit untersuchten, nehmen an, daß eine Hirseart das zuerst angebaute Korn war.

Sandes, der vom Himmel kam, immer neue und dicke Schichten Erde über die Überbleibsel aus Chinas ferner Vergangenheit. Viele frühe Stätten der Macht, an die sich heute kaum jemand erinnert, werden niemals gefunden werden.

Was jedoch gefunden wurde, ist so erstaunlich, daß es Archäologen, Anthropologen und Historiker auf viele Jahre beschäftigen wird. Allein bei Xi'an liegen elf Gräber von Kaisern der Westlichen Han, achtzehn Gräber von solchen der Tang sind bekannt. Die Grabstätten von Konkubinen und Hofbeamten, Kanzlern und Generälen lassen sich kaum zählen. Von manchen meint man, daß sie intakt geblieben sind, ihr Inhalt unberührt. In der Umgebung von Luoyang stehen zum Beispiel Reihen steinerner Elefanten, geflügelter Pferde und stolzer Krieger aufrecht auf dem Lößboden. Sie bewachen die Gräber von sieben Song-Kaisern. Fünf dieser Gräber sollen zehn Jahrhunderte lang dem Zugriff der Diebe widerstanden haben.

In der Vergangenheit sorgte der Nationalstolz dafür, daß solche Schätze vergangener Dynastien unter der Aufsicht der Regierung in Beijing ausgegraben wurden. Beamte überwachen jede Ausgrabung, jeder Spatenstich muß von ihnen genehmigt werden. Trotzdem mehren sich unübersehbar die Anzeichen, daß auch heute die Vergangenheit geplündert wird. Die rigoros gehandhabten Gesetze, die den Export von Altertümern mit strengen Strafen bedrohen, werden mißachtet, denn die Öffnung Chinas für die Welt des Tourismus regte eine internationale Nachfrage nach altem Porzellan und alten Grabbeigaben an. Diese Nachfrage wird befriedigt von Mittelsmännern, Überseechinesen zumeist, die mit dem Ziel durch China reisen, Altertümer aufzukaufen, um sie mit riesigem Gewinn im Ausland zu veräußern. Zur Hand gehen ihnen Bauern, die in der Nähe von Gräbern leben und der Versuchung, die hohe Preise bedeuten, nicht widerstehen können. An einigen Abschnitten der Großen Mauer hat die Habgier sogar geschafft, woran Generationen von Barbaren scheiterten. Gewaltige Lücken in der Mauer bezeichnen die Stellen, an denen ortsansässige Bauern Steine herausbrachen. Sie zerschlugen sie zu faustgroßen Erinnerungsstücken, und gedankenlose Touristen prahlen damit, ein Stück von Chinas Erbe in ihrem Wohnzimmer stehen zu haben.

Viel kam ans Licht – sogar aus Zeiten, lange bevor der erste Kaiser den Drachenthron bestieg. Entdeckungen in der Nordchinesischen Tiefebene, in der Provinz Hebei, durch die sich der Gelbe Fluß einst auf seinem Weg zum Meer schlängelte, erweisen, daß dort Korn seit wenigstens 8000 Jahren angebaut wird. In Shaanxi angebaute Hirse wurde auf ein Alter von 6000 Jahren datiert. Und am Oberlauf des Flusses, in Gansu und Qinghai, wurden Hirsekörner entdeckt, die aus der Jüngeren Steinzeit stammen. Auch in Jiangsu und Shandong fand man an ehemaligen Flußläufen Zeugnisse für frühen Feldbau. Steinerne Sicheln und Mahlsteine, zwischen denen die Körner zerquetscht wurden, entdeckte man in Henan, ebenso Pflugschare aus Knochen und aus Eisen gar, für von Ochsen gezogene Pflüge. Wieviel Erfindergeist sich der Landwirtschaft als der Grundlange von Chinas früher Wirtschaft widmete, zeigt die Entdeckung einer komplizierten Drillmaschine. In der Han-Zeit, vor 2000 Jahren, konstruiert, verband sie Pflügen und Säen in einem Arbeitsgang. Noch heute werden ähnliche Gerätschaften benutzt. Windfächer für das Fächeln des

Übernächste Seiten

Der Huashan, der „Blumenberg", in Shaanxi ist einer der Heiligen Berge Chinas. Sein 2100 Meter hoher Südgipfel läßt sich nur durch einen beschwerlichen Aufstieg erreichen. Die Aussicht von oben, so heißt es jedoch, verbessere die Gesundheit.

HIROYUKI USAMI

YASUHIRO HAYASHI

Armeen zertraten immer wieder die leidgeprüfte Erde von Shanxi, lange bevor die erste Dynastie entstand. Überraschenderweise blieb vieles von historischem oder kulturellem Wert erhalten. Der Tempel Xuanzhong im Gebiet von Pingyao ist ein schönes Beispiel sakraler Architektur.

Korns, wassergetriebene Mühlen zur Mehlgewinnung – solche technischen Errungenschaften wurden unlängst in Henan ausgegraben. Sie wurden tausend Jahre, bevor in Europa ähnliche Geräte auftauchten, erfunden.

Diese Funde bestätigen ältere Theorien, daß schon in einem sehr frühen Stadium menschlicher Geschichte auf der ganzen Länge des Gelben Flusses seßhafte agrarische Gemeinschaften blühten. Und sie bestätigen erneut die Lektion, die heute in den Schulen und einst in den Klassikern des Konfuzius gelehrt wurde: In der langen Geschichte der Menschen in der Nordchinesischen Tiefebene hingen Wohlstand und Fortentwicklung stets von der Arbeit der Bauern ab. Und die Ernte der Bauern beruhte auf dem fruchtbaren Boden der Ebene und auf den Wassern des Gelben Flusses.

Links

Wissenschaftler sagen, schon vor zehntausend Jahren sei im Huanghe-Tal Hirse angebaut worden. Deren Körner wurden bei Ausgrabungen gefunden. Lange vor den undeutlichen Anfängen der Xia-Dynastie brachen hier also Ackerbauern die ockerfarbene Erde um. Seither wird auf die ewig gleiche Weise das Korn von der Spreu getrennt. Die Bauern schütteln das geerntete Korn in die Luft und lassen den Wind die Spreu forttragen. Die Körner fangen sie in einem geflochtenen Korb auf.

SEIGO OTSUKA

Alle Museen am Flußlauf, vor allem die in den alten Kernprovinzen des Landes, hüten reiche Sammlungen von Schätzen der Vergangenheit. Früh kam das Bronzezeitalter nach China, es blühte Jahrhunderte und hinterließ ein Erbe, das auch heute noch junge Künstler anregen mag.

降伏蛟龍

Die Zähmung des Drachen

Während der großen Flut vom August 1958 schwoll der Huanghe im Kreis Qihe, Shandong, schnell an. Der August ist der Monat, der am Unterlauf des Flusses seit alters mit Unheil verbunden wird. Viele der schrecklichsten Überschwemmungen, welche die Geschichte erlebte, ereigneten sich im siebten Monat des Mondkalenders, der ungefähr dem August entspricht. An den Deichen beidseits des Flusses, der sich in schäumender Wut durch Henan und Shandong wälzte, hielten mehr als zwei Millionen Männer und Frauen Flutwache. Die Flutwelle strömte durch Qihe, auf dem Weg zu ihrem Ziel, dem Bohai-Meer, als zwei Jungen zu der Deichwache gerannt kamen – einer Gruppe ortsansässiger Bauern, die auf einem Deich stationiert war, um zu jedem möglichen Gefahrenpunkt eilen zu können. Die Jungen hatten einen erspäht: An einer Stelle sickerte Wasser durch den Uferdamm. Da sie am Fluß aufgewachsen waren, hatten sie die Gefahr sofort erkannt. Sobald das Wasser nämlich einen Weg durch den Deich gefunden hat, frißt es dessen Inneres fort. Und innerhalb weniger Minuten wird aus einem sanften Rinnsal ein reißender Strom, den der gewaltige Druck des Wassers heraustreibt. Glücklicherweise kam der Katastrophenschutz rechtzeitig. Er hielt die hervordringenden Wasser zurück, wendete die Gefahr ab. Wahrscheinlich verhinderte das geistesgegenwärtige Handeln der beiden Knaben einen Bruch der Deiche. Beide waren lediglich Unterweisungen gefolgt, die sie in der Schule erhalten hatten. Jedermann am Flußlauf kennt die ersten Lektionen der Flutkontrolle.

Nicht anders als die beiden Jungen 1958 hätten Abermillionen Menschen gehandelt, die am Huanghe und seinen Nebenflüssen leben. Alle wissen, daß Sickerwasser am Deich eine Gefahr ankündigt. Die ständige Aufklärung der Öffentlichkeit gewährleistet, daß die harten Lektionen der Vergangenheit nicht vergessen

Verschlammt und vor Wut kochend, wälzen sich die aufgestauten Wasser des Huanghe durch die Öffnungen im Damm von Jingtongxia.

SEIGO OTSUKA

Vom Wasser zernagt und von Stürmen zerfressen, rahmen Klippen in der Nähe von Xining zwei junge Schafhirten ein.

werden. Das Fernsehen zeigt oft Filme, in denen große Überschwemmungen eine Rolle spielen, und die Alten werden ermutigt, der jungen Generation von jenen Tagen zu erzählen – sie sind ein halbes Jahrhundert vergangen –, als die Menschen zu Tode hungerten, Familien ihre Kinder verkauften, ganze Dörfer vom Erdboden verschwanden – in einer Überschwemmung oder einer Hungersnot. Der Schulunterricht ist bloß ein Teil der vielfältigen Anstrengungen, mit denen die Dorfgemeinschaften entlang des Flusses sich auf das Schlimmste vorbereiten.

Wie in den vergangenen Jahrhunderten bilden auch in der heutigen Zeit die gewaltigen Überschwemmungen die größte Herausforderung durch den Fluß. Das Ungestüm der Flutwellen zu zügeln bleibt die Hauptaufgabe derjenigen Menschen, die für die Sicherheit der Nordchinesischen Tiefebene verantwortlich sind. Um dem Gelben Fluß seine Grenzen zu zeigen, legten die Menschen Reihen von Zwillingsdeichen an jeder Seite seines Unterlaufes an – Hunderte Kilometer lang, bis hin zum Bohai-Meer. Diese Deiche sind Wunder der modernen Ingenieurskunst, viel mächtiger und viel eindrucksvoller als die der Vergangenheit. Und das müssen sie auch sein! Die fortwährende Ablagerung von Schlick ließ das Flußbett in den vergangenen zwanzig Jahren um zwei Meter ansteigen. Beständig nämlich schüttet der Fluß sein Bett höher auf. Und immer höher müssen die Menschen die begrenzenden Wälle auftürmen, um die Fluten abwehren zu können.

Die Deiche der Vergangenheit waren gigantische Erdwälle, mit unglaublichen Kosten und Anstrengungen aufgeschüttet. Heute sind sie nicht weniger kostenträchtig, doch wesentlich wirkungsvoller und viel raffinierter angelegt. Hydrauliker und andere Wissenschaftler vervollkommneten die hierfür notwendigen Techniken. Die neuen Deiche ziehen sich an beiden Seiten des Unterlaufs auf einer Strecke von 1400 Kilometern hin. Die Deichanlagen an den wichtigsten Zuflüssen und die der zweiten Verteidigungslinie, die parallel zu den Hauptdeichen verläuft, sind in diese Zahl noch nicht einmal eingerechnet.

Sie zu unterhalten und zu sichern erfordert ständige Arbeit. Einsatztrupps patrouillieren täglich auf den Deichen, um Schwachstellen herauszufinden. Bei Hochwasser beobachten Freiwillige aus den Dörfern die sanft geschwungenen Außenseiten der Deichbarrieren, sie verzeichnen jeden kritischen Punkt. Später rücken dann Ausbesserungstrupps an, um mit einer Spezialausrüstung den Deich zu untersuchen. Die Ausrüstung wurde von den Ingenieuren der Huanghe-Kommission entwickelt. Zu ihr gehört eine Maschine, die wie ein kleiner Panzer aussieht. Diese sticht einen langen stählernen Dorn durch den Beton oder den Stein, der die äußere Hülle des Deiches bildet, tief in die gestampfte Erde des Deichkerns. Wird eine Aushöhlung gefunden, pumpt eine Sonde ein Betongemisch hinein und füllt das Deichinnere mit einer granitharten Masse auf. Diese Arbeit endet nie. Statistiken aus den letzten dreißig Jahren zeigen, daß am Unterlauf nicht weniger als 92 Millionen Male solch eine Sondierung vorgenommen wurde, und in 330 000 verborgene Schadstellen wurde Betonzement gepumpt.

Während die Herzen all dieser Deiche gestärkt wurden, dehnten sich die äußeren Dämme fortwährend aus. Sie müssen hoch genug sein, um die steigenden

YASHIRO HAYASHI

Beständiger Kampf ist der Preis ihrer Sicherheit. Auf der Nordchinesischen Tiefebene, wo der Huanghe durch die Provinzen Henan und Shandong fließt, stehen Hunderttausende bereit, der Bedrohung durch die Flut zu wehren. Sie kommen aus allen Bevölkerungsschichten. Angestellte in den großen Städten und Dorfbauern – sie alle wissen genau, daß die rachsüchtigen Wasser in den flachen Ebenen alles hinwegfegen, sobald die Dämme gebrochen sind. Diese stämmigen Männer aus Shandong springen herbei, um einen Deich auszubessern. Er wurde im Rahmen einer Übung absichtlich gebrochen.

SEIGO OTSUKA

Von der Hochebene von Qinghai bis zum Bohai-Meer ist der Huanghe überall auf seinem langen Weg für die Bauern ein Wasserspender. Mehr als die Hälfte seines Wassers, schätzen Wissenschaftler, wird zur Bewässerung der Felder abgeleitet. Dieser tiefe Kanal in Qinghai leitet Wasser auf die Felder der Salaren, die als Minorität nahe Xining leben.

Fluten davon abzuhalten, über die Deichkronen hinwegzuschwappen. Sie müssen aber auch breit und stark genug sein, um dem gewaltigen Druck standzuhalten, mit dem die Wassermassen des angeschwollenen Flusses gegen sie pressen. Einem Wasserstrom von acht Kilometer Breite, in dem bis an den Rand tosendes, schlammgesättigtes Wasser schäumt, standzuhalten ist schließlich eine gewaltige Aufgabe. Die Barrieren müssen kräftig genug sein, um den Druck auszuhalten. Und sie sind es. China hat unbegrenzte Ressourcen an Menschenkraft, und traditionellerweise führen Menschen diesen ewigen Kampf gegen den Fluß.

Die Basis der alten Deiche bestand meistens aus Sand oder aus Tonerde. Die emsigen Wasser konnten diesen Kern leicht untergraben. Im Lauf der Geschichte wurden hierdurch genauso viele Deichbrüche verursacht wie durch das Steigen des Wassers über die Deichkronen. Den Fuß der Deiche so breit wie möglich zu machen, legten die Deichbauingenieure als grundlegendes Konzept fest. Material, um kräftige Barrikaden gegen den Fluß zu errichten, läßt sich in den flachen Ebenen von Henan und Shandong jedoch nicht leicht finden. Deshalb glichen auch nach 1949 die ersten Schritte zur Verstärkung der Deiche denen, die seit Jahrtausenden gemacht wurden: Der angehäufte Schlamm wurde von Armeen fleißiger Arbeiter aus dem Bett des Gelben Flusses geschaufelt und dann auf den Hängen der sich damit verbreiternden Deiche festgestampft.

Handarbeit gehört heute bei der Verstärkung der Deiche der Vergangenheit an. Heute wühlen sich Flotten gewaltiger Saugbagger, eigens für diese Aufgabe entwickelte Spezialkonstruktionen, in jede Ecke des Flusses. Sie pumpen das schlammreiche Wasser durch dicke Röhren, die Nabelschnüren gleichen, an das Ufer. Sobald das Wasser verdunstet ist, bleiben Schichten fester Erde zurück, die die Masse und die Maße des Deiches vergrößern – und seine Stärke!

Ein zusätzlicher Vorteil ist, daß das überschüssige Wasser den Bauern hilft, ihre Felder zu bewässern und fruchtbar zu machen. So wird die Schlammfracht des Flußbettes zugleich verringert. Der Schlamm, der vor die Deiche gepumpt wird, verbindet sich mit der Erde. In dreißig Jahren hat er niedriggelegenes, sumpfiges Land aufgefüllt, das früher für den Ackerbau zu salzig oder zu alkalihaltig war, und 200 000 Hektar besten Ackerlandes geschaffen. Von 1949 bis 1979 schichteten die Ingenieure nach dieser Methode mehr als 160 Millionen Kubikmeter Erde an den Deichen auf, allein an einem Flußabschnitt von 245 Kilometer Länge. Viel bleibt aber noch zu tun.

Geschick, aber manchmal auch bloß wuchtige Kraft sind vonnöten, um die Wasser zu beherrschen. Während sich die Barrieren beständig ausdehnten, nahm der Kampf gegen den Fluß immer neue Formen an. Das zweifache Ziel dieser Arbeiten auf beiden Seiten des Flusses, auf Hunderten von Kilometern, ist, die anfälligen Flanken der Deiche zu schützen und die Strömung des Huanghe zu kontrollieren. Der einfachste Weg, die Wasser zu hindern, die Barrikaden zu unterspülen und die Sicherheit der Deiche zu bedrohen, wurde in Jahrtausenden vervollkommnet: Weidenruten werden wie große Schlangen um Steine gewunden und in die Basis der Dämme abgesenkt. Der Schlamm setzt sich schnell an solch einfachen

Vorhergehende Seiten

Zwillingsjuwelen im Quellgebiet, das sind die Seen Ngoring Nor und Gyaring Nor, die legendären Quellen des Gelben Flusses. Tibeter und Chinesen glaubten gleichermaßen, aus diesen Gewässern breche er zu seiner Reise über die Hochebene von Qinghai auf. Jahrhundertelang bewunderten die Menschen die Schönheit dieser Zwillingsseen, die durch einen zehn Kilometer langen Abschnitt des Flusses verbunden werden, während er die Geröllebenen von Qinghai durchquert.

HIROYUKI USAMI

YASUHIRO HAYASHI

Dramatisch zerfurchte Landschaften säumen den geschwind fließenden Huanghe, der hinter dem Damm in der Schlucht Liujiaxia niederstürzt.

YASUHIRO HAYASHI

Stromabwärts hinter dem Liujiaxia-Damm schneidet der Fluß sich in eine Schlucht.

Vorhergehende Seiten

Sobald die Ingenieure den gewaltigen Damm vollendet haben, der den Strom des Huanghe bei der Drachen-Schaf-Schlucht in der Nähe von Xining eindämmen soll, wird sich stromaufwärts kilometerweit ein künstlicher See ausbreiten.

HIROYUKI USAMI

Buhnen ab, bedeckt sie mit seinen Ablagerungen und bildet eine neue Schutzschicht.

Moderne Methoden sind wirkungsvoller, aber auch teurer. Die Ingenieure entdeckten neue Mittel und Wege, das Wasser nach ihren Wünschen fließen zu lassen. Sie entwarfen Spezialkonstruktionen, die dafür sorgen, daß das Wasser in einer möglichst ungefährlichen Weise fließt. Eine besteht darin, daß kleine Dämme aus Beton, die wie Stacheln in den Fluß dringen, den Strom des Wassers von den Hauptdeichen ablenken und in das zentrale Bett des Flusses zurückführen. Über 5000 von ihnen, die meisten zehn bis dreißig Meter lang, ragen von den Deichen aus in den Flußlauf. Sie gleichen Winkeln, die in die Strömung des Wassers und in die Mitte des Stromes weisen. Die Flutwasser nagen die Fundamente der Hauptdeiche nicht mehr an – in vergangenen Jahren eine Hauptursache vieler Deichbrüche. Die neuen von den Ingenieuren entwickelten Methoden wenden jetzt die Gewalt der Flut in die Mitte des Flußbettes zurück.

Beamte der Huanghe-Kommission sind sich sicher: Sogar wenn der Fluß eine Wassermasse von 2,2 Milliarden Kubikmeter pro Sekunde mit sich führt, werden die heutigen Deiche dem Druck standhalten. Sie entwerfen jedoch auch Sicherheitsgrenzen für unvorstellbare Fluten, wie die Geschichte sie nie sah.

Die Dämme des Gelben Flusses und seiner Zuflüsse sind auch als Quellen für elektrischen Strom gedacht, obwohl bei ihrer Anlage die Verhinderung von Überschwemmungen das beherrschende Motiv war. Das wichtigste Staubecken ist das von Sanmenxia („Schlucht der drei Tore") in der Provinz Henan. Dieses Projekt wurde in der Aufbruchstimmung der fünfziger Jahre unseres Jahrhunderts entworfen, als die Jugend Chinas, von revolutionärem Eifer erfüllt, glaubte: Wo ein Wille ist, ist auch ein Weg. Die Planer hofften, mit einem einzigen kraftvollen Schachzug den Fluß zu zähmen. Sie wählten die tosenden Engen dieser Schlucht als den günstigsten Platz für den Angriff. Zunächst mit Hilfe russischer Berater, später, nach dem Bruch mit der Sowjetunion, allein versperrten die chinesischen Ingenieure dem Fluß mit einer gewaltigen Mauer aus Beton seinen Lauf. Sofort tauchten Probleme auf. Die Planer hatten ja gewußt, daß das Wasser dort voll Schlamm war, wenn es von den Lößhöhen herniederkam. Zunächst dachten sie jedoch, der größte Teil des Schlamms würde durch die Turbinen, die die Generatoren zur Stromgewinnung antrieben, gewirbelt; weitere Ablagerungen würden durch die Überlaufkanäle geschwemmt werden. Diese Überlegungen waren abwegig, geben die Ingenieure heute zu. Der Schlamm wurde nicht abgeführt, er verstopfte die Turbinen. Schnell lagerten sich die Schlammassen auf dem Grund des riesigen künstlichen Sees ab, und das Wasser begann, an seinem eigenen Dreck zu ersticken.

1960 enthielt der Stausee von Sanmenxia 96,2 Milliarden Kubikmeter Wasser. Zwei Jahre später hatte sich auf dem Grund des stillen Sees so viel Schlamm niedergelassen, daß bloß noch Platz für 81,2 Milliarden Kubikmeter Wasser war. 1964 waren die Ablagerungen weiter gewachsen, der See faßte 56,6 Milliarden Kubikmeter Wasser. Verzweifelt und hektisch suchte man nach Mitteln und Wegen, um diese verhängnisvolle Entwicklung zu stoppen. Zu der nun beginnenden Rekon-

JAPAN BROADCASTING CORPORATION (NHK)

Der große Damm bei Sanmenxia in Henan sollte an einem wichtigen Abschnitt des Huanghe viele Probleme der Elektrizitätsgewinnung, der Flutkontrolle und der Bewässerung meistern helfen. Das hatten Wissenschaftler, Ingenieure und Hydrologen gedacht. Sie mußten jedoch ihre ehrgeizigen Hoffnungen begraben, sobald das Wasser hinter dem Bollwerk aus Beton zu steigen begann. Der Schlamm sank schneller als vorausberechnet nieder. Er reduzierte die Wasserkapazität des Staubeckens drastisch, die Wasserkraft war viel geringer als erwartet. Die gewaltige Anlage brachte mehr Ärger als Stromgewinn.

YASUHIRO HAYASHI

Der See hinter dem Damm von Liujiaxia staut sich viele Kilometer weit auf. Er stellt eines der wichtigsten Staubecken am ganzen Huanghe dar.

struktion des Dammes gehörte die Anlage von besonderen Unterwasser-Fluchttunneln. Diese sollten die schlammgesättigten Wasser weit flußabwärts fortführen. Die Hoffnung auf eine umfassende Elektrifizierung wurde aufgegeben. Die geplante Generatorkapazität hatte 900 000 Kilowatt betragen, heute bilden 250 000 die Höchstleistung. Viele Generatoren wurden verschrottet – Opfer des Schlammes. Heute faßt das Staubecken sieben Milliarden Kubikmeter Wasser, der Rest des Sees besteht aus dicken Schlammschichten.

Immer noch sind der Damm von Sanmenxia und andere Dämme am Huanghe und seinen Zuflüssen wichtige Sicherheitsvorkehrungen; für trockene Jahreszeiten werden hier Wasservorräte angelegt. In Zeiten der Überschwemmungsgefahr helfen die Wasserbecken, auf viele Kilometer stromabwärts den Wasserpegel im Fluß auf einer ungefährlichen Höhe zu halten. Die Planer sagen, bei Hochwasser stromaufwärts könne der Damm einen Wasserabfluß von bis zu einem Maximum von 15 000 Kubikmetern je Sekunde zurückhalten. Und prasselt der Regen unterhalb des Dammes nieder und wird die Lage bedrohlich, dann werden die Wassertore geschlossen. Sie halten dann ungefähr 3,5 Milliarden Kubikmeter zurück.

Auch wenn es inzwischen zahllose Vorsichtsmaßnahmen gibt, spielen die Planer immer neue Szenarios für den schlimmsten aller Fälle durch. Zusätzlich zu

YASUHIRO HAYASHI

Bei Linxia spannt sich eine anmutige Bogenbrücke über den Huanghe. Sie bildet nur einen der zahlreichen Übergänge, die während der letzten Jahre über die schäumenden Wasser gezogen wurden.

Gleich einem gigantischen Ochsenkummet wendet sich der Fluß gegen sich selbst in einer der zahllosen Windungen seines Laufs. Wo er die warme und feuchte Zone des subtropischen Sichuan durchströmt, ist das Land am Fluß ungewöhnlich frisch und grün.

den gewaltigen Deichen, zu verbesserten Kanälen, zu Rückhaltedämmen und Anti-Erosions-Programmen verfolgen sie bei ihren Planungen eine weitere Strategie. Erreicht der Wasserpegel eine kritische Höhe, können Hunderte von Schleusentoren am Fluß hochgezogen werden. Ein wesentlicher Teil des Wassers strömt dann aus dem Bereich zwischen den Hauptdeichen und fließt still und ungefährlich in die Bewässerungskanäle ab. Zusätzlich werden zwei gewaltige Auffangbecken an jeder Seite des Gelben Flusses angelegt, um auf das vorbereitet zu sein, was die Hydrologen „eine außergewöhnlich große Flut" nennen. An irgendeinem Tag könnte die heranrollen. Jedermann hofft, daß sie nie kommt, die Ingenieure haben jedoch für diesen extremen Notfall vorgesorgt.

Die Auffangbecken sind gewaltig. Sollte der Fluß einen Pegel erreichen, bei dem er höchstwahrscheinlich über die Deiche tritt, können riesige Wassermengen in die Becken von Dongpinghu und Jindi abgeleitet werden. Diese bedecken 2,948 Quadratkilometer und fassen 40 Milliarden Kubikmeter Flutwasser. Über 200 Kilometer Deiche, die bis zu 13 Meter hoch ragen, umgeben die Becken. Innerhalb dieser Deiche leben 1,5 Millionen Menschen. Ihrem Lebensraum droht ständig die Gefahr, überschwemmt zu werden – sollte die gigantische Überschwemmung einmal kommen. Ihre Häuser stehen auf Plattformen aus Erde, und erhöhte Wege führen über den Grund der eingedeichten Gebiete, um die Menschen in Sicherheit zu bringen, sobald das Becken einmal geflutet wird.

Ebenso wie die Bewohner dieser von Menschenhand geschaffenen Becken bereit zur Flucht sind, wenn das Wasser über das tiefgelegene Ackerland geleitet wird, stehen Millionen Bauern am ganzen Unterlauf des Gelben Flusses auf Wacht. Diese Katastrophenschutztruppe lebt mit einem Kampfruf, der seit vielen Generationen weitergetragen wird: „Deiche sind nutzlos ohne die Menschen, die sich um sie kümmern." Diese Form einer Bauernarmee hat in jedem Dorf und jeder Stadt, in allen Produktionsbrigaden und Flecken in Shaanxi, Shanxi, Henan und Shandong ihre Stützpunkte. Das ist eine komplexe, aber vernünftige Organisation. Sie reicht von der höchsten Ebene, der Zentralregierung, über die Provinzhauptstädte und die Huanghe-Kommission bis hinunter zu den Bauern in einem abgelegenen Dorf.

Die Kommandostellen dieser Organisation liegen in allen wichtigen Städten, in denen eine Überschwemmung droht. Sobald das Wasser steigt, werden Rundfunkwarnungen über öffentliche Lautsprecher in jedes Dorf getragen. Sie mahnen die Bauern, auf der Hut zu sein, sie verkünden, daß der alte Feind sein Haupt wieder erhebe. Aber nicht nur die Bauern werden auf den Kampf vorbereitet, sondern auch Soldaten, Bergleute, Angestellte in den Städten und Arbeiter in den Fabriken. Die Gouverneure der vier Provinzen und der Direktor der Huanghe-Kommission stehen an der Spitze der regionalen Kommandoposten. Sie legen Gewicht auf Vorkehrungen gegen die schlimmste Katastrophe, die sich vorstellen läßt. Eine „gewöhnliche" Überschwemmung kann dann um so leichter abgewehrt werden. Sicherheitsmaßnahmen sind Teil des Alltags, sie werden koordiniert von örtlichen Regierungsbeamten: Routinearbeit! Das Hauptaugenmerk gilt der Erhaltung und Beobachtung der Deiche. Wenn jemand eine gefährdete Stelle sieht, einen Tierbau zum Beispiel

TSUGUSATO OMURA

Unter der Han-Dynastie bauten Wasserwerker bei Zhongwei diesen Bewässerungskanal. Damals, vor 2000 Jahren, kam die Ordos erstmals unter chinesische Herrschaft. Die Anlage arbeitet heute noch, sie bringt den Bauern der Ordosebene Leben und Wohlstand.

(Fuchs und Dachs verursachen viele Probleme) oder einen feuchten Fleck, ist es seine Pflicht, das den örtlichen Kadern zu melden. Diese beauftragen das nächste Arbeitsteam, den Schaden zu beheben.

Praktische Ingenieure, nicht hoffnungsfreudige Idealisten: das sind die Mitarbeiter der Huanghe-Kommission. Sie lösen die Probleme, die sie vor Augen haben: ansteigender Flußpegel, verstärkte Verschlammung des Flußbettes, den „größten anzunehmenden Unglücksfall" – an eine schreckliche, nie gesehene Flut von 55 000 Kubikmetern wird dabei gedacht. Eine solche würde jeden Plan, jede Schutzvorkehrung, jede Sicherheitsmaßnahme, die während der letzten vierzig Jahre an den Ufern des Gelben Flusses getroffen wurde, auf die Probe stellen. – Nicht mehr viele Jahre wird der Gelbe Fluß seinen furchtgebietenden Namen „Chinas Sorge" tragen. Eines Tages wird sein Strom durch die Maßnahmen der Menschen gebändigt sein, werden diese sich gegen sein unvorhersehbares Drängen und das Wüten der Natur gerüstet haben. Vielleicht wird er dann einen neuen Namen bekommen: „Chinas Stolz". Noch ist es nicht so weit, sagen die Männer von der Huanghe-Kommission. Ein langer Weg liegt vor ihnen. Und sie warnen: Noch ist der Gelbe Fluß nicht gezähmt.

Links

Nach heftigen Regenfällen angeschwollen und schwerfällig, wälzt sich ein Zufluß des Huanghe unter einer Hängebrücke für Fußgänger hindurch. Erst unlängst gebaut, verkürzt sie die Wege der Bauern.

TSUGUSATO OMURA

Ein Glitzerband in der Abendsonne – der Gelbe Fluß gleitet geruhsam durch Ningxia.

Folgende Seiten

Mit dem Winter, der den kalten Nordwind aus Sibirien und der Mandschurei herbeibringt, wird der Gelbe Fluß zu einer Chaussee aus Eis. Dann ist auf diesem Abschnitt zwischen Shaanxi und Shanxi kein Fährboot mehr nötig. Die Natur sorgt für eine gefrorene Brücke.

SEIGO OTSUKA

东流の海

Der Unterlauf

In seinem Unterlauf ist der Huanghe zu seicht für reguläre Schiffahrt; nur Dschunken und kleine Flußboote können ihn befahren. Einen ertragreichen Fischfang gibt es hier nicht. In vergangenen Zeiten trat der Fluß regelmäßig über die Ufer und brachte Millionen von Menschen Not und Tod. Heute gibt die Zentralregierung in Beijing Millionen von Yuan aus und beschäftigt eine Armee von Menschen, um den Huanghe im Zaum zu halten. Doch obwohl der Fluß hier weder sonderlich schön noch nutzbringend ist, obwohl er immense Kosten verursacht und obwohl er noch immer Gefahren birgt, sprechen die Bewohner von Shandong mit Hochachtung vom Huanghe. Er hat schließlich jahrhundertelang mächtige Lasten des fruchtbaren Schlamms herangeschleppt und ihnen so ertragreiches Land geschaffen.

Je näher die Hochzeit des Flusses mit dem Meer rückt, um so reicher sind die Menschen, die an seinen Ufern leben. Shandong zählt zu den wohlhabendsten Provinzen Chinas. Hierzu trägt der große Fluß viel bei, der auf den letzten 617 Kilometern seiner langen Reise die ertragreichen Ebenen durchquert.

Die hügelige Halbinsel Shandong schiebt sich wie der Kopf einer neugierigen Eidechse in das Gelbe Meer vor. In vergangenen Zeitaltern erreichte der Huanghe mal oberhalb, mal unterhalb dieses mächtigen Bollwerks das Meer. Im Jahr 1853 verlegte er zum letzten Mal sein Bett. Seit der damit verbundenen verheerenden Flutkatastrophe mündet er nördlich der Halbinsel ins Meer.

Den von Provinzbeamten seit jeher sorgsam geführten Statistiken ist zu entnehmen, daß der Huanghe die unglückselige Neigung hat, zweimal innerhalb von drei Jahren über seine Ufer zu treten. Zwischen 1855 und 1938 gab es am Unterlauf 57 Überflutungen. Diese 83 Jahre brachten den Bauern der Nordchinesischen Tiefebene, die wahrlich Kummer gewohnt waren, noch blutigere Unterdrückung als in

Die Brücke bei Jinan wird von riesigen Stahltrossen gehalten. Sie ist die längste Verbindung über den Huanghe und die letzte vor der Mündung. Der Reichtum der Provinz Shandong rollt über sie hinweg. Vielfach transportieren noch Eselskarren die Güter und Waren.

SEIGO OTSUKA

Jungen aus Anyang. Archäologen haben hier einen königlichen Palast freigelegt, dazu Grabstätten, Häuser und Werkstätten aus der Shang-Dynastie. Die Gräber enthielten Tausende von Orakelknochen, in die frühe Formen chinesischer Schriftzeichen eingeritzt waren.

den Zeiten davor. Zu den verheerenden Naturkatastrophen kamen Kämpfe zwischen rivalisierenden Militärmachthabern, Revolution, Invasion, Banditenunwesen, der Zusammenbruch des Kaiserreichs, Einfall und Besatzung seitens fremdländischer Mächte, Bürgerkrieg. Und 1943/44 gab es in Henan eine entsetzliche Hungersnot, die wenigstens drei Millionen Menschenleben forderte.

Im Herbst und Winter erreicht der Wasserspiegel seinen niedrigsten Stand. Dann bietet der Huanghe in Shandong einen traurigen Anblick. Ihm wurde stromaufwärts so viel Wasser für die Felderbewirtschaftung entnommen, daß es in besonders regenarmen Jahren am Ende der Trockenzeit möglich ist, im Flußbett spazierenzugehen. Kinder planschen in den Tümpeln, bis übers Knie im Schlamm. Im Juli und August aber ist der Fluß oft randvoll; bis an die Krone seiner mächtigen Deiche reicht das Wasser. 5000 Kilometer stromaufwärts hat die Sonne Schnee und Eis geschmolzen, und weitere Wassermassen gelangen nach den heftigen Sommerregen in Shaanxi und Shanxi in den Fluß. Der Huanghe ist ein Fluß der Extreme: Sengende Hitze dörrt das Land in den Trockenzeiten aus, dann folgen gewaltige Wolkenbrüche. Die Felder sind hart wie Beton, sie können das herabstürzende Wasser nicht aufsaugen. Mit rasender Geschwindigkeit läuft es ab, hinein in die Flüsse. So kommt es zu entsetzlichen Überschwemmungen wie 1899, als es auf der ganzen Ebene von Shandong „Land unter" hieß.

Einst lag der Grundwasserspiegel in Jinan so hoch, daß die Provinzmetropole die „Stadt der Quellen" hieß. Eine ihrer berühmtesten, die Baotu-Quelle, bot ein beeindruckendes Wasserspiel. Heute sprudelt das Wasser weniger. Die für den Ackerbau zuständigen Provinzbeamten bedauern keineswegs, daß die Quellen von Jinan nicht mehr so munter wie früher plätschern, denn ein zu hoher Grundwasserspiegel macht den Boden alkalisch. Ein Feld voll goldenem Weizen ist einem hübschen Springbrunnen vorzuziehen, sagen die Bauern.

Die Küstenprovinz Shandong liegt zwischen den berühmten Städten Beijing und Shanghai. Die Bewohner verkünden stolz, Shandong vereine in sich die Vorzüge beider: Es besitze ein ebenso reiches Erbe der klassischen Kultur wie die Hauptstadt Chinas und dazu die kosmopolitische Lebensart der großen Hafenstadt an der Mündung des Changjiang. Sie rühmen die Attraktionen ihrer Provinz als einzigartig. Und voll intellektuellem Hochmut weisen sie darauf hin, daß Shandong der Geburtsort von Konfuzius und Menzius sei.

Nachdem die kommunistische Regierung Konfuzius zunächst höflich ignoriert hatte, wurden seine Lehren während der Kulturrevolution geradezu zerfetzt. Rote Garden verwüsteten die Gräber im Konfuzius-Hain in Qufu, die als letzte Ruhestätten des großen Weisen und seiner Familie gelten. Heute hat die Führung in Beijing eine Art mißtrauischen Waffenstillstand mit dem Philosophen geschlossen, der vor mehr als zweitausend Jahren wirkte. Sein Geburts- und Sterbeort Qufu wird heute offiziell als Touristenziel gefördert. Seither strömen ausländische und chinesische Besucher in die Residenz der Familie des Konfuzius, seinen Tempel und den Gräberhain. Seit dem Tod dieses Mannes im 5. Jahrhundert v. Chr. kamen die Kaiser Chinas hierher, um dem größten Lehrer des Landes posthume Ehrentitel zu verleihen.

YASUHIRO HAYASHI

Im Tal des Fenhe machen sich Bauern bei Sonnenaufgang auf den Weg zu ihren Feldern. In Kübeln tragen sie kostbaren Dung. Selbst in den Zeiten landwirtschaftlichen Fortschritts spielt organischer Dünger noch immer eine bedeutende Rolle dabei, die gute Erde des Huanghe-Tals fruchtbar zu halten.

Drachen schmücken die Steinsäulen, die das Dach der Haupthalle des Konfuzius-Tempels in Qufu tragen. In Qufu, Geburts- und Sterbeort des Konfuzius, lagen einst die heiligen Stätten der Staatsdoktrin. Während der Kulturrevolution wurden viele von ihnen beschädigt. Seit wenigen Jahren ist die Stadt wieder Ziel zahlreicher Pilger.

Rechts

Ein alter Mönch, in Meditation versunken. Vielleicht schaut er auf sein Leben zurück, das einzig dem Pfad zur Wahrheit geweiht war. Als Priester des berühmten Klosters Shaolin ist er sowohl ein Mann der Kontemplation wie der Tat. Hier, in den Hügeln von Henan, entwickelten die Mönche jene Kampfkunst, mit der sich die heiligen Männer auf ihren gefahrvollen Wanderungen gegen Banditen verteidigten. Gemäß den Geboten ihres Glaubens dürfen sie nämlich keine Waffen tragen.

Schließlich hatte er mit seiner Doktrin, die von seinen Schülern ausformuliert wurde, die ethischen und moralischen Grundlagen geschaffen, die den Herrschern die Macht sicherten.

In der Nachbarprovinz Henan haben die Tourismusexperten einen überaus ehrgeizigen Plan ausgearbeitet. Im Zentrum von Kaifeng, der glanzvollen Hauptstadt der Nördlichen Song, wollen sie um die Huanghe-Brücke herum das alte Stadtbild wiedererstehen lassen. Falls die Zentralregierung die erforderliche Zustimmung erteilt und auch die Finanzierung des Projekts übernimmt, können Touristen eines Tages auf einem Netz von Kanälen, das die berühmten Seen der Stadt verbindet, von einer Sehenswürdigkeit zur anderen gelangen: die Eisenpagode, der prächtige Drachenpavillon, die ausgedehnte Tempelanlage Xiangguo. Zu Zeiten der blühenden Song-Dynastie sollen mehr als zehntausend Kaufleute und Handwerker im Umkreis des Tempels ihre Läden und Werkstätten gehabt haben. Jetzt ruft man ihre Nachkommen herbei. Die Entwürfe der Stadtplaner sehen vor, daß Künstler und Kunsthandwerker an den Kanälen, in Tempeln und Läden ihr Gewerbe auf überlieferte Weise und mit traditionellen Werkzeugen ausüben. Das alte Kaifeng der Song soll mit modernem Komfort wiedererstehen – und der Stadt Xi'an, bislang *das* Touristenzentrum Chinas, Konkurrenz machen.

Die Herrschaft der Song in Henan wurde 1127 durch den Einfall der wilden Dschurdschen beendet, die den Norden Chinas plünderten und brandschatzten. Sie warfen ihre Fackeln in das alte Luoyang und setzten den Song-Herrscher gefangen. Ein anderer nahm seinen Platz ein und verlegte den Hof nach Süden, auf der Flucht vor den barbarischen Eindringlingen. Das war ein bedeutsamer Schritt, denn damit folgte der Kaiser seinem mobilen und unternehmungslustigen Volk. Schon in den vergangenen Jahrhunderten hatte nämlich eine Abwanderung aus dem angestammten Heimatland am Huanghe eingesetzt. Jetzt verlagerte sich zum ersten Mal das Zentrum der politischen Macht von den Ufern des Gelben Flusses ins Tal des Changjiang. Die Dynastie wurde die Südliche Song genannt, der Kaiser hielt in Hangzhou hof. Damit wurde auch zum ersten Mal der wirtschaftlichen Macht jenes Raums Rechnung getragen, der in früheren Zeiten eine gefährliche Dschungellandschaft war, bevölkert von primitiven Stämmen. Nachdem man die Wälder auf dem fruchtbaren, gut gewässerten Boden im Tal des Changjiang abgeholzt hatte, eignete sich dieser hervorragend für den Reisanbau. Weder den Song in Hangzhou noch den Dschurdschen in Henan war indes eine lange Herrschaftsdauer beschieden. Noch grausamere Eroberer, die Mongolen, fielen in das Land ein und griffen mit bluttriefenden Händen nach der Macht. Auch die Mongolen machten keine große Stadt im Herzland des Huanghe zur Hauptstadt ihres neu eroberten Gebietes. Sie wählten Beijing und nannten es Dadu, „Große Hauptstadt".

Die Kaiser der Nördlichen Song waren die letzten Herrscher, die China von einer Hauptstadt am Gelben Fluß aus regierten. Als sie nach Süden zogen, verschwand die kaiserliche Macht für immer von den Ufern jenes Flusses, der die Geburt der chinesischen Nation erlebt hatte. Zurück ließen sie ein glanzvolles Vermächtnis, das heute noch zu bestaunen ist.

HIROYUKI USAMI

Voll Würde blickt die kunstvolle Statue des Konfuzius im Tempel des Weisen in Qufu den Besuchern entgegen. Heute ist die ganze Stadt ein beliebtes Ziel für Touristen geworden.

Übernächste Seiten

Die Haupthalle des Konfuzius-Tempels ist ein Triumph der Architektur und der Bildhauerkunst. Sie zeugt von der Verehrung und von den schöpferischen Anstrengungen vieler tausend Anhänger des Großen Lehrers.

HIROYUKI USAMI

Die Song waren nicht die einzigen. Und doch wird Henan aus vielerlei Gründen, vor allem finanziellen, weitgehend von den seit einigen Jahren ins Land strömenden Touristen ignoriert. Immerhin blüht der innerchinesische Tourismus. An die zwölf Millionen Menschen kommen aus ganz China in jedem Jahr hierher, um die alten Monumente und die geschichtsträchtigen Städte zu bestaunen, die das kulturelle Vermächtnis Chinas darstellen.

Im Jahre 495 n. Chr., als die Nördliche Wei-Dynastie herrschte, begannen die Mönche einer buddhistischen Sekte mit dem Bau eines Klosters. Die Gebote ihres Glaubens verboten ihnen, Waffen zu tragen. Wie konnten sie sich auf ihren gefahrvollen Wanderungen vor marodierenden Banditen- und Kriegerbanden schützen, die das Land unsicher machten? Die Antwort brachte die berühmteste Schule der Selbstverteidigung in China hervor, die nach dem Kloster benannt wurde: Shaolin. In den heutigen, ruhigeren Zeiten üben sich die Mönche noch immer in den Disziplinen ihrer Kampfkunst. Die hier vor vielen Jahren entwickelte Form der Selbstverteidigung ist der bekannteste Zweig der zahlreichen Kampfstile und -schulen Chinas. Das Kloster Shaolin ist ein beliebtes Ziel für die Besucher aus dem Westen, die den Geist und Körper einbeziehenden Lehren der freundlichen Kriegermönche anhängen.

Tempel gibt es in Henan im Überfluß; sie zeugen von der langen Geschichte zahlreicher Glaubensrichtungen in der Provinz. Der buddhistische Tempel Baima, der „Tempel der weißen Pferde", bei Luoyang wurde im Jahre 68 n. Chr. angelegt. Er soll der erste Tempel sein, der von Anhängern der damals aus Indien gekommenen neuen Lehre errichtet wurde. Viel wurde im Lauf der Zeit zerstört. Das, was erhalten blieb, wie die großartige Attika der Göttin der Barmherzigkeit, läßt vergangene Pracht aufleuchten. Die Provinzregierung plant, die alte Herrlichkeit Henans wiederzubeleben, so auch das älteste Observatorium Chinas, das während der Yuan-Dynastie gebaut wurde, damit die Gelehrten den Gang der Gestirne studieren konnten.

Wenige Kilometer südlich von Luoyang, am Fluß Yihe, einem Zustrom des Huanghe, sind die Grotten von Longmen, dem „Drachentor", zu besichtigen. In die Hänge des Berges Longshan wurden über 2000 Grotten und Nischen geschlagen, aus denen Tausende von Buddhastatuen mit ruhigem Ernst über den Fluß schauen. Dies ist ein Wunderland voll steinerner Götter und Dämonen, das sich einen Kilometer weit am Ufer des Yihe erstreckt. Begonnen wurden die Arbeiten an diesem Höhlentempel im Jahre 494 n. Chr., während der Herrschaft des Kaisers Xiaowen der Nördlichen Wei-Dynastie. Er wurde über fünf Jahrhunderte lang ausgebaut, unter der Sui, Tang, den Fünf Dynastien und der Song. Generationen von Künstlern verbrachten ihr ganzes Leben hier und meißelten in endloser Folge das Antlitz des Buddha aus dem harten Fels. In den folgenden tausend Jahren liefen Wogen der Zerstörung durch das Land. Barbaren und Vandalen schlugen auf die herrlichen Statuen ein, um die Botschaft der Vergangenheit zu zerstören. Der Schaden ist unermeßlich, doch was am „Drachentor" überdauerte, ist immer noch ein einzigartiger Schatz. Überragt wird er von der höchsten Buddhastatue, die 17 Meter mißt.

Die Bevölkerung von Shandong unterscheidet sich sehr von ihren Verwandten

SEIGO OTSUKA

Dieses Tor des Klosters Shaolin, in dem die heilige Kampfkunst des Buddhismus entwickelt wurde, führt zum Grab des Bodhidarma, der hier wirkte. Auf diesen legendären indischen Mönch wird die Lehre des Chan-Buddhismus zurückgeführt, die sich bis Japan verbreitete und dort eine eigene Ausprägung erfuhr, den Zen-Buddhismus.

flußaufwärts. Der langen Küstenlinie ihrer Provinz verdanken sie ihre Seefahrertradition und ihren Pioniergeist. Als die Qing-Dynastie in den letzten Zügen lag und ihr Stammland, die Mandschurei, den Nicht-Mandschu öffnete, schwärmten die Männer und Frauen von Shandong in jene Provinzen, die heute Chinas Industriegebiete bilden, aus. Während der Song-Dynastie waren es die Männer von Shandong, die die ersten Dschunken steuerten. Als die Briten später handfeste Kerle suchten, um die Reihen ihrer Polizeibeamten in Hongkong aufzufüllen, wandten sie sich an den Flottenstützpunkt Weihaiwei, um Männer aus Shandong zu rekrutieren. Seit langem stehen die Menschen dieser Provinz in Kontakt mit der übrigen Welt; die Bevölkerung ist hier viel weltoffener als anderswo. Dazu hat auch der große Hafen von Qingdao beigetragen, der 1898 von den Deutschen gegründet wurde; von 1899 bis 1914 war Qingdao eine deutsche Kolonie.

In Shandong begann aber auch jene fremdenfeindliche Rebellion, die als Boxer-Aufstand in die Geschichte eingegangen ist. Am Ende des 19. Jahrhunderts war der Groll in der verarmten, geknechteten, unter einer korrupten und glanzlosen Regierung leidenden Bauernschaft ins Unermeßliche gestiegen. Er entlud sich zunächst in einzelnen Angriffen auf die verhaßten christlichen Missionare, dann auf Ausländer insgesamt. Die Menschen von Shandong, die seit jeher als Hitzköpfe gelten, erhoben sich im Jahr 1900 – der Funke setzte halb China in Brand.

Während Mao Zedong mit seiner Hauptstreitmacht noch im fernen Yan'an weilte und in vielen Gegenden Chinas allenfalls Gerüchte über diesen modernen Robin Hood, seine Getreuen und ihren Langen Marsch kursierten, gewährte Shandong zahlreichen Guerillaverbänden der Kommunisten Unterschlupf. Sie kämpften zunächst gegen die Guomindang-Truppen, dann gegen die japanischen Invasoren und in den turbulenten Tagen am Ende des Bürgerkriegs wieder gegen die Nationalisten. Als Marschall Chen Yi die legendäre Achte-Route-Armee nach siegreichem Feldzug aus der Mandschurei gegen Jinan führte, befanden sich große Teile der Provinz bereits unter der Kontrolle der Kommunisten. Nachdem sie auch Jinan erobert hatten, rissen sie als erstes die alten, aus der Ming-Zeit stammenden Stadtmauern nieder. Die ortsansässigen Historiker beklagen heute noch die Folgen dieser enthusiastischen Siegesfeier; die Mauern waren schließlich ein berühmtes Wahrzeichen der Stadt. Heute umgibt der ehemalige Stadtgraben als Park die ganze Stadt, eine „grüne Lunge" aus Weiden, Büschen und Blumen, die wie ein Band das Zentrum von Jinan umschlingt. Die Soldaten der Volksbefreiungsarmee zerstörten damals zwar die Stadtmauern von Jinan, einige Kilometer weiter aber hielten sie in der Verfolgung der auf dem Rückzug befindlichen Guomindang-Truppen inne, um den Bauern beim Wiederaufbau der geborstenen und verfallenden Deiche am Huanghe zu helfen.

Henan weist alle kulturellen Ansprüche zurück, die von anderen Provinzen am Fluß geltend gemacht werden. In dieser Provinz von 167 000 Quadratkilometern Größe, wo der Gelbe Fluß in die Nordchinesische Tiefebene tritt, formten sich die Chinesen zu einer Nation. Die Bewohner von Henan betrachteten die Stadt Xi'an, flußaufwärts in Shaanxi, als Emporkömmling, der sich bloß des Grabes von Qin

YASUHIRO HAYASHI

Mit unendlicher Güte schaut der steinerne Buddha, eine von mehr als 200 buddhistischen Skulpturen, aus seiner Nische im Qianfo Ya, dem „Felsen der Tausend Buddhas". Viele stammen aus der Zeit der Nördlichen Wei und der Sui. Seit 1500 Jahren sitzen sie dort, überblicken heiter und weise das Huanghe-Tal und wachen über die nahe gelegene Hauptstadt von Shandong, Jinan.

Links

Skulpturen aus den Grotten von Longmen, dem „Drachentor" am Fluß Yihe. Die Felsnischen und Höhlentempel zählen zu den schönsten Werken chinesischer Sakralkunst.

Shihuang und seiner Terrakotta-Armee rühmen könne. In Henan aber, so sagen die dortigen Beamten mit feinem Lächeln, in Henan haben die Archäologen Städte freigelegt, die in der fernen Vergangenheit gegründet wurden, über tausend Jahre, bevor in Xi'an die Tonkrieger in die Brennöfen geschoben wurden. Und unter den Ruinen der Städte aus der Shang-Zeit liegen offenbar Zeugnisse von noch früheren menschlichen Kulturen.

Es ist fast unmöglich, irgendwo in dem 200 Kilometer langen Tal zwischen Luoyang und Kaifeng den Spaten in den Boden zu stechen, ohne auf ein Relikt aus Chinas langer Vergangenheit zu stoßen. Überschwemmungen und die Winde haben dicke Teppiche aus Schlamm und Löß über diese Schichten gelegt. Archäologen, die in der Nähe von Kaifeng Ausgrabungen vornehmen, schätzen, daß Spuren der Ming-Dynastie, die vor rund 500 Jahren blühte, in einer Tiefe von drei Metern zu finden sind, Spuren der Song aus dem 11. Jahrhundert in etwa sechs Metern Tiefe. Diese auf Erfahrung gestützten Schätzungen sind wohl korrekt. Städtische Arbeiter, die 1986 im Zentrum von Kaifeng einen Graben aushoben, stießen auf eine vollständig erhaltene Brücke aus der Song-Dynastie, die, so vermuten sie, von einer großen Flut mit Schlamm bedeckt wurde. Nachdem sie die Ablagerungen am Grund des acht Meter tiefen Grabens entfernt hatten, sahen sie die verschollene Brücke von Zhou vor sich – eines der berühmtesten Zeugnisse der Ingenieurskunst Chinas.

Der Gelbe Fluß, Fluch und Segen der Menschen an seinen Ufern, vernichtete viel von dem, was Erfindungsgeist und Kunstfertigkeit des chinesischen Volkes geschaffen hatten. Mit seinen verheerenden Schlammfluten deckte er aber auch vieles schützend zu, bewahrte es so über Jahrhunderte, Jahrtausende vor der Zerstörungswut der Natur wie der Menschen, bewahrte es für die Nachkommen jener Menschen, die seit beinahe einer Million von Jahren nahe seiner Wasser Spuren und Zeugnisse ihres Wirkens hinterlassen haben.

Links

Die Sonne versinkt im Bohai-Meer. Ein letzter Abglanz ihres Lichts fällt auf die zähen Pflanzen, die den neu angeschwemmten Boden mit einem Flechtwerk von Wurzeln durchziehen.

Folgende Seiten

Fischer auf dem Fluß (frühes 15. Jahrhundert). Seit jeher hatten die chinesischen Künstler ein Auge für harmonische Proportionen und für die Schönheiten des alltäglichen Lebens. Selbst den profansten Tätigkeiten zollten sie ihren Respekt, wie dieser Künstler hier.

FREER GALLERY/AMERICAN HERITAGE

SEIGO OTSUKA

Detail aus einer Säule in den Felshöhlen von Gongxian.

SEIGO OTSUKA

Ein Novize entzündet in einer Halle des Klosters Taer Andachtskerzen. Die aus Butter gefertigten Lichter verbreiten den warmen Schein des Glaubens.

Danksagungen

Während der vielen Monate, in denen ich Hintergrundmaterial für dieses Buch über den Gelben Fluß sammelte, hatte ich das Glück, von einer großen Anzahl Persönlichkeiten Rat und Beistand zu bekommen. Es ist mir nicht möglich, ihnen allen namentlich zu danken.

Einigen Freunden bin ich besonders verpflichtet. Dazu zählen Li Chuwen, Huang Zheng Ming und Ni Xue Lin von der Nachrichtenagentur Xinhua in Hongkong. Sie haben mich großzügig mit Ratschlägen bedacht und waren mir behilflich, Kontakte zu den zuständigen Behörden zu knüpfen, die ich während meiner Forschungsreise an den Ufern des Huanghe aufsuchen wollte. In He Hualin vom Xinhua-Büro in Peking fand ich einen beeindruckenden und fähigen jungen Mann, der mir ein unschätzbarer Begleiter war und zu einer großen Hilfe wurde, als wir über den zugefrorenen Fluß in der Provinz Henan wanderten. Die führenden Kader vom Büro für Auswärtige Angelegenheiten in der Provinz Henan, Gui Quanshou, Shen Xishun und Chang Peng, unterstützten mich hilfreich und erwiesen mir großzügig Gastfreundschaft. In Shandong wanderte Frau Duan Yijun mit mir über die unendlich lange Brücke, die den Gelben Fluß überspannt, und der Ingenieur Li Zuomo vom Huanghe-Büro in Shandong berichtete mir von den Jahrhunderten voller Arbeit, die es gekostet hatte, den Fluß zu zähmen. Ein weiteres Kapitel der Geschichte vom endlosen Kampf gegen die Fluten erzählten mir weiter flußaufwärts Mou Jinze und Gong Shiyang, zwei Ingenieure aus dem Hauptquartier der Huanghe-Kommission in Zhengzhou. Besonderen Dank schulde ich meinem alten Freund, dem legendären Dr. Ma Haide, der mich an seinen Erinnerungen an den Gelben Fluß und seine Zuströme teilhaben ließ, Erinnerungen aus jenen Tagen, als er in den Höhlen von Yan'an das Leben der Überlebenden des Langen Marsches teilte.

Wieder in Hongkong, wurde ich von dem Vizekanzler der Universität Hongkong, Dr. Wang Gungwu, und Frau Mimi Yeung, der Bibliothekarin der Universität, in meinen Forschungen hilfreich unterstützt. Dem Leiter der Bibliothek des Polytechnikums Hongkong, Barry Burton, bin ich für seine wertvolle Hilfe beim Sammeln wenig bekannter Dokumente über den Huanghe verbunden. Meine Lektorin Iris Wong half mir, diese gewaltige Sammlung von Hintergrundmaterialien auf ihre Richtigkeit und Vollständigkeit hin zu überprüfen, und Kit, meine Frau, verbrachte mit mir endlose Stunden damit, alte Texte und Malereien jener Kulturen, die in den neun Provinzen des Gelben Flusses blühten und untergingen, zu sortieren und auszuwählen.

In Tokio verbrachten Shigeki Ohyama und ich anstrengende Tage und Nächte bei dem Versuch, Hunderte von Photographien zu identifizieren; er war von unermüdlicher Geduld und unerschöpflichem Forschungsgeist. Ich möchte auch Kenjiro Kumagai und Nobutaka Nagaoku von JBP, Tokio, danken, die mir freien Zugang zu Photos und Photographen verschafften, sowie Tetsuo Kinoshita, der die Drehbücher des Japanischen Fernsehens ins Englische übersetzte.

Die Herausgabe dieses Buches wurde erleichtert durch die bereitwillige Hilfe einer ganzen Gruppe von Leuten: Julie Cooke in Hongkong, Jane Fraser, Jennie Phillips, Penny Pilmer und Kate Rogers in Sydney – sie alle gewährten freundliche Unterstützung in technischen Dingen. Mick Bagnato gab wertvolle Ratschläge bei der Herstellung des Buches.

Vor allem möchte ich den Millionen von chinesischen Bauern Dank sagen, deren Leben beherrscht wird vom Steigen und Sinken der schlammigen Fluten des Huanghe. Sie waren mir ausgezeichnete Gastgeber, fröhliche Begleiter, gute Freunde.

Folgende Seite

Eine junge Tibeterin aus dem Quellgebiet des Huanghe zeigt sich in ihrem Festgewand.

HIROYUKI USAMI

Register

Im folgenden werden nur die für den Textzusammenhang erheblichen Orts- und Personennamen aufgeführt

Titel der Originalausgabe
The Yellow River

Copyright © by Weldon Owen Pty Limited
Copyright © für den Text 1987 by Intercontinental Publishing Corporation Limited
Copyright © für den Text 1989 by Weldon Owen Pty Limited
Copyright © für die Fotos 1987 by Japan Broadcasting Limited and Japan Broadcast Publishing Co Ltd

Sonderausgabe für Verlagsgruppe Weltbild GmbH, Augsburg
Nutzung der deutschen Übersetzung mit freundlicher Genehmigung des Hoffmann und Campe Verlags, Hamburg

Mitherausgeber: John Owen
Cheflektorat: Elaine Russel
Übersetzung aus dem Englischen: Hans Stumpfeldt, Ruth Cremerius
Koordination: Patricia Davis, Sheena Coupe
Bildlegenden: Kevin Sinclair, Crason Creagh
Bildbeschaffung: Douglas Tunstell, Laurie Platt Winfrey
Bildredaktion: Mary Dawn Earley, Shigeki Ohyama
Karte und Zeichnungen: John Rissetto
Kalligraphie: Wong Chui Tung

Printed in Singapore

ISBN 3-8289-3146-4

Alle Rechte vorbehalten.

Dieses Buch darf nur nach vorheriger schriftlicher Zustimmung des Copyright-Inhabers vollständig bzw. teilweise vervielfältigt, in einem Datenerfassungssystem gespeichert oder mit elektronischen bzw. mechanischen Hilfsmitteln, Fotokopierern oder Aufzeichnungsgeräten bzw. anderweitig weiterverbreitet werden.

Einkaufen im Internet:
www.weltbild.de

Zeittafel der Dynastien

Xia	ca. 2100 bis ca. 1600 v. Chr.	
Shang (Yin)	ca. 1600 bis ca. 1100 v. Chr.	
Zhou	ca. 1100 bis 221 v. Chr.	
	Westliche Zhou	ca. 1100 bis 771 v. Chr.
	Östliche Zhou	770 bis 221 v. Chr.
	Chunqiu, Frühlings- und Herbstperiode	770 bis 478 v. Chr.
	Zhanguo, Zeit der Streitenden Reiche	477 bis 221 v. Chr.
Qin	221 bis 206 v. Chr.	
Han	206 v. Chr. bis 220 n. Chr.	
	Westliche Han	206 v. Chr. bis 8 n. Chr.
	Interregnum Wang Mang	8 bis 23 n. Chr.
	Östliche Han	25 bis 220 n. Chr.
Sanguo, Drei Reiche	220 bis 280 n. Chr.	
	Wu	220 bis 280
	Shu	220 bis 261
	Wei	220 bis 265
Jin	265 bis 420	
	Westliche Jin	265 bis 316
	Östliche Jin	317 bis 420
	Zeit der 16 Königtümer	304 bis 439
Nord- und Süd-Dynastien	420 bis 589	
	Nördliche Wei	386 bis 534 (Nord)
	Östliche Wei	534 bis 550 (Nord)
	Nördliche Qi	550 bis 577 (Nord)
	Westliche Wei	535 bis 557 (Nord)
	Nördliche Zhou	557 bis 581 (Nord)
	Song	420 bis 479 (Süd)
	Qi	479 bis 502 (Süd)
	Liang	502 bis 557 (Süd)
	Chen	557 bis 589 (Süd)
Sui	581 bis 618	
Tang	618 bis 907	
Wudai, Fünf Dynastien	907 bis 960	
Zehn Königtümer	902 bis 979	
Song	960 bis 1279	
	Nördliche Song	960 bis 1127
	Südliche Song	1127 bis 1279
Liao (Khitan)	907 bis 1125	
Westliche Xia	1032 bis 1227	
Jin	1115 bis 1234	
Yuan (Mongolen)	1271 bis 1368	
Ming	1368 bis 1644	
Qing (Mandschu)	1644 bis 1911	
Republik China	1912 bis 1949	
Volksrepublik China	gegründet am 1. 10. 1949	

HIROYUKI USAMI

In der Nähe des Sees Ngoring Nor schmückt ein Obo die Spitze eines Hügels. Er ist vollständig von Gebetsfahnen und bunten Stoffbahnen bedeckt. Solche kultischen Steinhaufen zeugen still von dem Glauben der Menschen in den Hochebenen.